品味经典

第二辑

徐飞 主编

复旦大学出版社

编委会

主　任　徐　飞
委　员　陈　忠　褚　华　戴洪霞　江晓东
　　　　刘长喜　倪志兴　沈亦骏　章益国
　　　　朱为群

序 言
Preface

"立身以立学为先,立学以读书为本。"读书是门槛最低的知识获取方式,也是人类以手、眼、脑相配合进行学习的方式。因此,无论是在个体层面还是在家庭、学校、社会层面,倡导阅读对开阔眼界、完善能力、提升素养,乃至提高全社会整体道德水平都意义非凡。2012年,党的十八大报告首次写入"开展全民阅读活动",将其作为丰富人民精神文化生活的重要路径,为扎实推进社会主义文化强国建设助力。之后,党和国家各级政府的重要文件多次提到全民阅读。现在推进全民阅读已进入国家战略层面,是政府的重要工作之一。

威尔逊称:"书籍是通过心灵观察世界的窗口。"弥尔顿说:"书籍并不是没有生命的东西,它包藏着一种生命的潜力,与作者同样活跃,不仅如此,它还像一个宝瓶,把作者生机勃勃的智慧中最纯净的精华保存起来。"黄庭坚放言:"士大夫三日不读书,则义理不交于胸中,对镜觉面目可憎,向人亦语言无味。"狄德罗则进一步指出:"不读书的人,思想就会停止。"诚然,书籍是屹立在时间汪洋大海中的灯塔、培植智慧的温床,书房是文人精神的巢穴、生命的禅堂,而阅读的价值在于,读者能从书中邂逅高贵的灵魂,感受高超的智慧,学习深邃的思想,得到深刻的启迪。阅读当触及性灵,促进对现实人生的反思和关怀,进而有所行动,去创造美好幸福的人生,并增添关心他人、关心社会的自觉。

经典是书籍中的瑰宝,但凡称得上"经"和"典"的,都代表了所在时代的最高智慧,甚或是迄今为止人类思想所能够达到的最高峰。经典之所以是经典,是因为它蕴藏了天地之心、修齐之道、治平之方,呈现出科学之真、人文之善、艺术之美。经典之所以被赋予崇高价值,还在于其思想的深邃性、思维的宏阔性和思绪的灵动性,以及精神的永恒性和意义的无限可阐释性。经典历久弥新,常读常新,永远光耀和烛照读者的精神和灵魂。庄子说过:"吾生也有涯,而知也无涯,以有涯随无涯,殆已。"面对当今海量的出版物,以有限生命面对无限阅读资源,阅读经典当是最佳选择。

大学生是国家未来建设和发展的生力军,其综合素养和创造能力决定国之未来。然而,受到基础教育阶段的应试教育、高等教育学程的专业教育,特别是社会转型下人心浮躁等因素的影响,当代大学生的阅读存在功利化倾向,流行"浅"阅读与"快餐化"阅读,尤其是专业教育导致的阅读结构性缺失,十分不利于大学生个人综合能力的提升和全面发展。在这样的背景之下,高校开展经典阅读活动具有重要意义。

开展经典阅读,有助于提升高校立德树人工作实效,培育时代新人。大学的根本任务是立德树人,阅读经典对塑造崇高人格、铸就高贵灵魂、助力"精神成人"具有不可替代的育人价值。李白认为"立德贵清真"。子路推崇"楚兰生于深林,不以无人而不芳;君子修道立德,不以穷困而变节"。曾国藩强调:"士人读书,第一要有志,第二要有识,第三要有恒。有志,则断不甘为下流;有识,则知学问无尽,不敢以一得自足,如河伯之观海,如井蛙之窥天,皆无见识也;有恒,则断无不成之事。此三者缺一不可。"英国著名作家威廉·梅克比斯·萨克雷在《纽克姆一家》中,则借用印度古谚如是说:"播种一种行为,收获一种习惯;播种一种习惯,收获一种性格;播种一种性格,收获一种命运。"诸如此类的经典言论,无不是教我们如何立德树人。

开展经典阅读,有助于经典的当代传承,增强大学生的文化自觉、文化自信意识。经典是一个民族文化的载体和历史精神的浓缩,阅读经典无疑是将人们的心灵与上下古今一切民族的伟大智慧相结合的过程。通过诵读"四书五经",感悟《中庸》中"致广大而尽精微,极高明而道中庸"的辩证;捧读费孝通的《乡土中国》,领略"各美其美,美人之美,美美与共,天下大同"之胸襟;阅读维特根斯坦的《文化与价值》,感怀"有光方有影,有前人的积累才有后人的传承"之洞见。当代中国大学生,借助阅读古今中外的经典,既可以培育厚重的民族爱国情怀,又可以培养开放的世界公民意识。将经典阅读与大学生思想政治教育相结合,当是引导大学生积极弘扬和践行社会主义核心价值观的有效途径。

开展经典阅读,有助于高校通识教育的开展,营造校园书香文化。通识教育以培养"完整的人"为目的,以培养学生健全人格为根本的价值取向。经典作为书中之上品和极品,更应反复吟读,仔细品味。王国维在《人间词话》中阐述了古今之成大事业、大学问者必经的三重境界:"'昨夜西风凋碧树,独上高楼,望尽天涯路。'此第一境也。'衣带渐宽终不悔,为伊消得人憔悴。'此第二境也。'众里寻他千百度,蓦然回首,那人却在灯火阑珊处。'此第三境也。"同样，康德在《论优美感和崇高感》中，对优美和崇高这两个美学范畴做了精当的分析，他不仅细腻温情地比较了崇高的动人和优美的醉人，更是深刻犀利地指出：崇高必定伟大，优美可能渺小；崇高必定纯朴，优美则可能装扮和修饰。在大学推广经典阅读，就是要让大学生透过经典的字里行间，品味和体悟境界与格局、深刻与通透。毋庸置疑，阅读经典是开展通识教育的绝佳途径。初读经典，可有似懂非懂、囫囵吞枣之小成，用心品味，方得深入浅出、知行合一之大就。

开展经典阅读，有助于大学生个人综合能力提升和全面发展。罗曼·罗兰曾说："从来没有人为读书而读书，只有在书中读自己，在书中发现自己或检查自己。"英国伟大的思想家培根在《论读书》中说道："读史使人明智，读诗使人聪慧，演算使人精密，哲理使人深刻，伦理使人有修养，逻辑修辞使人善辩。"孔子曰："温故而知新。"阅读经典不仅可以丰富精神世界，而且能帮助提升获取新知的能力。阅读经典文本，不但能实在地提高阅读能力、书面表达和口头表达能力，更为重要的是，通过与先贤对话，与圣哲神交，可全方位为自身赋能。青年学子要有意识地尽可能选择阅读经典，在世界观、人生观和价值观形成的最重要时期进行经典阅读，对一生的发展都大有裨益。

作为一所历史悠久的财经类高校，上海财经大学素来重视通识教育。学校创设伊始，获得哥伦比亚大学教育学博士学位的郭秉文校长即"用世界眼光办教育"，提出了"三育并举""四个平衡"等影响深远的教育理念。20世纪30年代，学校将"以精神训练，培养健全之人格，建立忠实之学风"确定为学校使命。2011年起，学校以全球视野遴选通识师资，聘请国际名校和国内"985"高校名师开设优质通识课程，培养学生的广阔学术见识和典雅方正人格。2015年学校成立通识教育中心，遵循"德育为先、育人为本、通专结合"的通识教育改革路径，构建了"三大类七模块"通识课程体系；构筑了多层次、个性化、全覆盖的第二课堂成长培养方案，致力于"培养健全人格，促进均衡发展"的育人目标。

为进一步营造学校浓郁的书香氛围和强化求真求知的学风，引导和鼓励学子与经典为伴，涵养阅读习惯，培养自觉读书意识，在读书实践活动中陶冶情操、获取真知、提高自我修养，2019年底我推动并组织校通识教育中心、宣传部、图书馆、团委、学生处、人文学院等部门通力协作，多次召开研讨会，数次易稿，形成《2020年度通识经典阅读推荐书目》并于2020年元旦发布。在此基础上，2021年元旦又发布了《2021年度通识经典阅读推荐书目》，以后我们将逐年调整、优化经典阅读书目并循例在每年元旦发布当年推荐书单。

有鉴于读经典之不易，自2020年起，校通识教育中心精选与百本经典书目相关的通识课程，将阅读经典与学习课程紧密结合，邀请通识名师开设"一师一课一本书"通识经典书目导读在线讲座，帮助学生读懂这些经典，深入发掘文本的更多价值，以达到既要读好书又要读懂书的目的。名师对于经典的导读，拓展了教学育人的广度和深度，点燃了学生的阅读热情，帮助学生学会阅读经典，引导学生走出专业课程思维，以更宽广的视野、更多元的角度领悟书中思想内涵，力求厚德博学、经济匡时。学生通过与通识名师交流，体会作者与读者、读者与读者之间的思想碰撞；通过探讨经典与当下的联系，思考生活的意义，叩问生命的价值，进而重新审视和塑造自身的思维方式，提升眼界格局。

徜徉经典、品味经典，生命不止，读书不止，学习不止。"读书之法无他，惟是笃志虚心，反复详玩，为有功耳"，让我们以朱熹的这句话共勉。

徐　飞

上海财经大学常务副校长

2021年6月

目　录

001　序言（徐　飞）

001　《中国哲学简史》导读（王　格）
017　《大转型》导读（刘守刚）
037　《诗经》导读（韩　亦）
059　《平凡的世界》导读（韩　元）
083　《文明的冲突与世界秩序的重建》导读一（邢婷婷）
099　《文明的冲突与世界秩序的重建》导读二（辛　格）
121　《国富论》导读（康　翟）
141　《风险社会》导读（陈　忠）
161　《瘟疫与人》导读（左　鹏）
187　《孟子》导读（刘旻娇）
209　《黑暗时代》导读（刘松青）
227　《资治通鉴》导读（兰宜生）

245　附录1　上海财经大学2021年经典阅读书目
255　附录2　《品味经典》第一辑目录

TABLE OF CONTENTS

001 Preface (Xu Fei)

001 An Introduction to *A Short History of Chinese Philosophy* (Wang Ge)

017 An Introduction to *The Great Transformation* (Liu Shougang)

037 An Introduction to *The Book of Songs* (Han Yi)

059 An Introduction to *Ordinary World* (HanYuan)

083 An Introduction to *The Clash of Civilizations and the Remaking of World Order* (Xing Tingting)

099 An Introduction to *The Clash of Civilizations and the Remaking of World Order* (Xin Ge)

121 An Introduction to *The Wealth of Nations* (Kang Di)

141 An Introduction to *Risk Society* (Chen Zhong)

161 An Introduction to *The Plagues and Peoples* (Zuo Peng)

187 An Introduction to *The Works of Mencius* (Liu Minjiao)

209 An Introduction to *Dark Age* (Liu Songqing)

227 An Introduction to *Comprehensive Mirror for Aid in Government* (Lan

Yisheng)

245　Appendix 1: A List of Classical Readings from SUFE (2021)
255　Appendix 2: The Contents of *Taste of the Classics* (*The First Series*)

《中国哲学简史》
导读

冯友兰《中国哲学简史》是首部英文版的中国哲学通史读物，它以简明扼要的篇幅叙述了自先秦至民国两千多年的整部中国哲学史。问世数十年来，这本书在海内外影响十分深远，是中国哲学入门的首选必读书。

《中国哲学简史》，冯友兰著，赵复三译，新世界出版社2013年

学者小传

王格，先后获武汉大学文学学士（2009）、中山大学哲学博士（2014），现为上海财经大学人文学院哲学系副教授。曾担任北京大学哲学系博士后研究人员（2014—2016）、中山大学哲学系特聘副研究员（2016—2020），并兼任过香港中文大学访问学者（2017）、浙江大学人文高等研究院驻院访问学者（2019—2020）、贵阳孔学堂签约入驻学者（2019）。主要从事中国哲学领域的研究与教学工作，在《哲学研究》《中国哲学史》《哲学动态》等学术刊物发表论文三十余篇，并主持国家社会科学基金青年项目"理学的早期西传及其影响研究"等。

冯友兰《中国哲学简史》导读

王 格

1947年，冯友兰先生（1895—1990）担任美国宾夕法尼亚大学讲座教授，讲授中国哲学史，其讲义整理成《中国哲学简史》一书（以下简称《简史》），1948年由美国麦克米伦出版社出版。它本来是第一部英文版的中国哲学通史读物，主要面向西方读者。随着近几十年来全球化的不断深入，读者自身的中西文化鸿沟不断缩小，对中国读者来说，这部《简史》同样极富可读性和启发性，成为中国哲学入门最为经典的通识读本。

同中国现代大学里产生的很多学科一样，"中国哲学"也是以源自西方的"哲学"（philosophy）学科方式来审视和研究中国古代传统。因此，它本身是全球化的产物，其最早的使用可以追溯到明清之际来华的西方人士。由此可知，是西方人在西语世界里最早讲"中国哲学"（拉丁文 Philosophia Sinica，即英文 Chinese Philosophy）。在日本人西周（1829—1897）将 philosophy 译为"哲学"并逐渐在东亚地区通行之后，"中国哲学"这一汉语表述也就随之成为东亚本土学者通行的学科范式表达。简言之，"中国哲学"这一名称的实质是"哲学"开启了它的中国叙事，或者从另一方面来说，它标志着中国传统思想开始走向现代和面向全球,进行新的书写。

因此,冯先生虽然不是书写"中国哲学"的首创者,但他无疑是这一进程最重要的推动者。冯先生一生对中国哲学史的书写主要有所谓"三史",分别是《中国哲学史》《中国哲学简史》和《中国哲学史新编》。其中,《中国哲学简史》最为通俗简短,它以不大的篇幅深入浅出叙述了整个中国哲学史。目前国内通行有涂又光(1927—2012)、赵复三(1926—2015)两位译者各自的中译本,译笔各有千秋。其中,赵复三译本(北京:新世界出版社,2004)流传较为广泛,本文主要据此译本。

一、中国哲学的特征

说到"中国哲学"的特征,其实就预设了与西方传统哲学的比较。"比较"就意味着彼此不仅有诸多不同,也有若干共性前提,否则就没有比较的必要。在冯先生看来,"哲学"是对人生的系统的反思,包括有关人生的学说、有关宇宙的学说和有关知识的学说(《简史》,第3页)。虽然"哲学"来自西方传统,但冯先生对哲学的这一概括是全新的,西方人以前没有这样概括过。这是因为,冯先生试图将东西方不同的传统纳入其中,即先归纳出它们的共性特征,然后在此前提下再进行差异的比较。

那么,中国哲学的特点有哪些呢?冯先生并没有如很多同时代人那样,简单罗列出若干点,简单比较中国如何而西方如何,而是深入哲学与宗教、出世与入世两个核心主题,挖掘中国哲学精神传统中的内在张力,并凸显出正是这些张力与西方有所不同,而不是截然二分。

中西哲学之不同，更体现在中西哲学家表达方式之不同。在冯先生看来，中国哲学家的表达方式至少有两个鲜明特征：(1) 中国没有专业的哲学家，因而也不存在专门的哲学著作，这导致中国哲学文本书写往往不连贯，文体上多呈现为语录和书信；(2) 中国哲学家多用格言、比喻和事例等说理，语言富于暗示，这跟中国文学艺术等一样，与中国哲学精神传统本身有关（《简史》，第9—11页）。

这两个鲜明特征都是来自中西传统主流哲学文本的对照。不过，当我们在做诸如此类中西之间横向比较的时候，千万不要忘了还有一个古今之间的纵向维度。就西方传统而言，古典时期（古希腊罗马）与中世纪的哲学，或者与近代启蒙运动以来的哲学，风格也迥然不同；而西方哲学传统中，也有采用格言警句、比喻、事例等表达的，比如马可·奥勒留（Marcus Aurelius, 121—180）《沉思录》或者帕斯卡尔（Blaise Pascal, 1623—1662）《思想录》等大量随笔沉思性质的哲学作品在西方哲学史上亦屡见不鲜。西方哲学传统内部流变的差异，有时候甚至超过我们通常所看到的中西之别。同样，就中国传统自身内部而言，汉学与宋学或者经学与理学所代表的哲学也旨趣各异。

正是在这些古今中西纷繁多姿的思想交流中，彼此之间有了参照系，从而不仅呈现出各自鲜明的特征，也刺激着彼此不断创生新的有活力的哲学思想。冯先生身处西学浪潮全面席卷的时代，认为是时势造成只有"中国哲学史"而无"西洋义理之学史"；但事实上，早在四百多年前的明清之际，西语世界开始书写"中国哲学"，中文世界里的交流人士也纷纷书写"西学穷理"，乃至来华耶稣会士高一志（Alfonso Vagnone, 1566—1640）首次以中文撰述"西学"，大谈诸如"修身西学"（今译"伦理学"）、"齐家西学"

（今译"家政学"）、"治平西学"（今译"政治学"）等。

可见，对"中国哲学"总体特征的书写，是在中西思想文化交流之中被不断比较、归纳出来的。中国哲学源远流长，但对"中国哲学"的研究是自16世纪以来的新学术。

二、中国哲学史的分期

书写中国哲学，就要面对历史上的中国哲学本身，这便是"中国哲学史"。在早前出版的两卷本《中国哲学史》里，冯先生区分了"子学时代"和"经学时代"，将中国哲学史上先秦诸子百家时期称为"子学时代"，而将秦汉以后两千年的中国哲学史通通称为"经学时代"，其褒扬前者、贬低后者之意十分明显。这一划分实际上是要解决胡适书写《中国哲学史》时面临的困惑：先秦诸子之后，自秦汉至清代的中国哲学史如何书写？冯先生用传统的"经学"一词概括后者的共同特征，即后代哲学家都是通过对经典的诠释来创发和表达自己的哲学思想。与胡适等人一样，冯友兰期待"贞下起元"，开启新的子学时代。

可是，在《简史》里，冯先生并不刻意去强调这一划分，而是去掉"子学/经学"这一多少略带对立色彩的框架，转而大致按照年代叙述中国历代哲学思想，其结构显得更为扁平化。这一做法可能是为了便于西方读者理解，尤其避免"经学""子学"这一类深深植根于中国文化语境因而需要费力去解释的字眼。

虽然《简史》对先秦诸子的叙述仍然用了较大的篇幅，但此书对历代思潮有了更为平等的重视，并使用 Neo-Confucianism（"新儒家"或"更新的儒家"）来指称整个宋明理学，突出其"新"的一面，而不再过多强调其隶属于所谓"经学时代"，即立足于对早期经典的诠释。如此一来，《简史》的叙事风格更接近于西方一般意义上的哲学史。

与之相应，冯先生将魏晋玄学称为"新道家"（Neo-Taoism），这一译名十分精妙。它不仅避免了不可译的"玄学"一词，而且与"理学"（Neo-Confucianism）对应，英语世界的读者由此可以直观感受到：魏晋玄学之于先秦道家，正如宋明理学之于先秦儒家。

如此一来，《简史》的主体部分实际上将中国哲学史分为先秦诸子哲学（第3~15章）、秦汉帝国哲学（第16~18章）、魏晋玄学（第19~20章）、中国佛教（第21~22章）、宋明理学（第23~26章）、近代西学与现代中国哲学（第27~28章）六个时期。半个多世纪以来，这样的分期成为中国哲学史书写的典范，至少目前为止，国内各高校院所通行的中国哲学史教材皆是如此。甚至对冯先生中国哲学史书写持激烈批评的学者，如中国港台地区学人劳思光（1927—2012）、韦政通（1927—2018）等，在其各自的中国哲学通史书写中，也都采用了同样或类似的分期框架。

三、中国哲学史的书写

近代中国学人将学术史的书写典范追溯到学案体，学案体虽然往往有"小序"归纳主旨，并有若干按语评论，但主体部分突出的是原始文献，更类似于原著选编。当然从文献选编角度来看，学案体又是基于道统传承谱系，并不是简单的资料汇编。从学案体的原文顶格、按语退格，变为哲学史的阐述顶格、引文退格，这一呈现样态的不同就揭示了哲学史书写与学案体编纂的重大差别。

至少从形式上来看,冯友兰早先的两卷本《中国哲学史》虽然已经具备哲学史书写的基本特征,甚至论述框架有过强之嫌,但它仍然保留了学案体的一些痕迹,尤其表现在征引原文较为丰富翔实。而在面向西方读者的《简史》中,冯先生则更为彻底地放弃这一呈现形式,而更加注重以自己的阐述为主,引文仅仅作为论述的辅助。事实上,后来的中国哲学史叙述,乃至中国哲学史专业研究的论述,绝大部分在文体上更接近《简史》的风格,这可能是人文学术国际化带来的必然趋势。

哲学史的书写要兼顾哲学观念梳理和历史发展叙事,因此在冯先生《简史》中,每章的小节标题可以分为两类,一是以核心人物为中心,一是以核心命题为中心。如此一来,"思"与"史"并茂,将中国哲学史最精要的内容充分融入有限的篇幅。有人批评冯先生的哲学史没有哲学,这显然是有失公允的。在冯先生的中国哲学史书写中,哲学论述可能过分利用了新实在论的框架,造成在宋明理学部分的义理论述中存在若干偏差;与此同时,冯先生对佛教义理缺乏深入研究,佛教部分的阐述较为浮泛,不够深入。但无论如何,这并不影响它作为一门通识读物,能带给读者最基本、最精当的中国哲学知识。

值得一提的是,在英语世界里,陈荣捷先生(1901—1994)走上了另一种书写路径,编译出《中国哲学文献选编》(*A Source Book of Chinese Philosophy*),其书写方式更接近于学案体。事实上,陈先生的道统意识也更为强烈,他说自己"梦也周程朱陆王"。

四、中国哲学与社会

冯先生在书写中国哲学史的时候,强调中国哲学的社会背景,在写作面向西方读者的《简史》时，表现得更为明显。在全书第二章"中国哲学的背景"中，冯先生简要阐述了中华民族的地理、经济、制度等方面的特征，这些与欧洲不一样的特征无疑是塑造中华民族基本思维、观念和文化的"土壤"。除此之外，在全书各章节，冯先生都十分重视不同时期"社会背景""政治状况"等与时代思潮、哲学思考的关系。

19世纪末20世纪初，西方社会科学突飞猛进，刺激和冲击了传统的人文领域，这一时期的很多哲学研究都开始更多地关注社会现实，而哲学史与社会历史本身的关系也受到了前所未有的重视。冯先生《简史》对中国哲学社会背景的重视，当与此有关。对于西方读者而言，中西差异使得社会背景的论述十分必要；而对于当代中国读者而言，由于古今差异，同样有必要介绍不同历史时期的社会背景知识。

不过，社会历史仅仅作为背景仍然不够。正如冯先生所言，中国历史上并不存在职业的哲学家，甚至不存在专门的哲学著作，那么我们所面对的所有中国的"哲学家"和"哲学文本"应当首先属于社会历史的文本。如此一来，从文本批评的角度来看，社会历史应当作为因素和机制进入对哲学史的批判研究中来。事实上，一些思想史和文化史的研究正是如此，不论是侯外庐（1903—1987），还是余英时、葛兆光等，他们的思想文化史研究都是致力于从这一角度来看待历史上的思想观念变迁。

冯先生尚未进入知识社会学的批判性研究，也无从得知后来西方批判理论的发展直接冲击到传统的哲学史书写，因此他的哲学史书写仍然局限于道统框架之内。这一点在与胡适的争议中已经表现出来了。尽管胡适早年沉浸于哲学，但他在书写完《中国哲学史》

上半部,即主要是先秦诸子之后,便开始用哲学以外的社会/群体因素来解释中国哲学史,甚至放弃使用"哲学史"而用"思想史",后来整理成《中国中古思想史长编》一书。(不过,胡适后来对思想史研究采取外在的社会历史学取向虽然揭示了一些历史可能的真相,但也并非没有问题,尤其体现在禅宗史的研究中。)

五、"当代"的中国哲学

作为真正的哲学家,冯先生在书写中国哲学史时,显然并不满足于知识性的哲学史本身,而是始终关切其自身所处的"当下"的哲学思考,并要在中国真正推动哲学的事业,想要迈向未来的复兴。因此,他的中国哲学史书写要一直叙述到自己的同时代乃至他自己的哲学。这与后来大部分中国哲学专业学者所撰写的《中国哲学史》不一样,后来大多数学者往往只叙述古人的哲学思想,至少也是盖棺然后才敢论定。这一差异源自哲学家与哲学史家之间的差异。虽然在学习和研究过程中,哲学与哲学史密不可分,但差异依旧存在。大体来说,哲学史与大部分人文学术一样是一种学术性积累工作,虽然是哲学专业的从业者在做研究,但其研究典范来自历史学科;而哲学本身则更像一种创作工作,虽然当代哲学写作要受到学术规范的制约,但其典范模式毋宁说更类似于文学艺术创作。

在《简史》的最后一章"侧身现代世界的中国哲学"里,冯先生论及抗战时期诸多同事的工作,如汤用彤(1893—1964)、金岳霖(1895—1984)等。汤先生致力于玄学和佛教的研究,而金先生则是国内逻辑学的早期开拓者,他们都对所处的当下的中国哲学有自己的思考。因此,冯先生在此章节的安排中,并不是全面解说他们的哲学思想体系，而是阐述自己和同事们对中国哲学的一些新的思考。

在冯先生的视域中，哲学主要包含形而上学、知识论、人生哲学等。他不满足于宋明理学的形而上学体系，而尝试去"接着讲"，这就是他的"新理学"，一般认为带有浓厚的20世纪早期西方新实在论色彩。这部分源于他对宋明理学思想义理存在一些误解，尤其对程朱理学哲学体系的把握存在一些偏差，对陆王心学一系的理解也不够深入，这方面的问题前人多已指出。

不过，冯先生大量使用了中国理学旧有术语来论述他的"新理学"，而不是像我们今天谈到新实在论时直接使用西方术语的翻译。如果说冯先生这一工作就是所谓的"旧瓶新酒"，那么在这个意义上，冯先生又是在做一种"西方义理之学"的工作，或者说是一种"未来义理之学"的尝试。可以看出，一方面，冯先生深知西风东渐的时势之下，只有"中国哲学"而无"西方义理之学"；另一方面，冯先生的中国哲学书写又兼顾了"西方义理之学"的尝试，可以说是知其不可而为之。我们可以看出，从四百多年前明清之际中西交流人士，到民国西风东渐之下冯先生这一辈学人，以义理之学书写西方传统、以哲学书写中国传统，这两条线路的尝试始终紧密相关、不可分割。与此同时，在知识论上，冯先生特别强调哲学最终的"不可思议"特征；在人生哲学上，冯先生则提出"人生境界"论。这些都是尝试从中国传统哲学史出发，为普世的哲学做出新的贡献。

那么，数十年后的今天，中国哲学又如何呢？今天，国内学人多有不满足于中国哲学史研究而倡导中国哲学之新创作，那么冯先生所面对的问题，如中西语言文化系统与思维方式本身的交错使用、地方性与普世性之间的张力等,都是今天思考中国哲学时仍然要面对的难题。从这个意义上说,冯先生的《简史》不仅是绝佳的通识读物,而且其所面对的议题在今天仍然继续上演。

结语

相遇带来反思,反思带来新的有深度的哲学思考。"中国哲学"正是在不同文化传统的哲学相遇中不断得到新的反思。反思就要反观自身传统流变,反思它是如何走到今天的,对于人文学术来说,所谓"辨章学术、考镜源流"的工作是反思的基础。就中国哲学而言,这就需要中国哲学史的研究和梳理。中国哲学不断被重新书写,因为这本身就是中国哲学的研究与探索。

时至今日,冯先生的《简史》显然存在诸多的不足,尤其是他对于佛教和理学的理解存在诸多问题,随着相关学术研究的深入推进,很多细节知识也都得到了更为准确、精当的新诠释与新解说。中国哲学史也在被不断地重写。不过,这些翻新的工作并不影响《简史》作为中国哲学最佳入门读物的地位。正如冯先生在此书《自序》里所言,"良史必有三才:才、学、识",而对于"小史"来说,"识"与"才"尤其重要。一部良好的通识读物,"深入"的同时还必须"浅出",对于大多数专业学者来说,后者尤其不易。一方面,大部分优秀学者由于长期从事某领域的深度研究、探讨和论述,其长期的书写习惯已经预设了读者具有较高基础;另一方面,正从事某一专门领域研究的学者,往往对"通"的书写会缺乏全局整体把握。因此,往往唯有"大家",才能写好"小书"。

在中国哲学史上,庄子有所谓"得鱼忘筌",禅宗有所谓"指月"之喻。如果这篇《导读》能够让诸君进一步认真阅读冯先生的原书，进而进入中国哲学的殿堂，那它最终就将是多余的。这也正如冯先生在《简史》的末尾所言，"人往往需要说很多话，然后才能归入潜默"。

参 考 文 献

1. 冯友兰：《中国哲学简史》，赵复三译，新世界出版社2004年。
2. 冯友兰：《中国哲学简史》，涂又光译，北京大学出版社2010年。
3. 冯友兰：《中国哲学史》，华东师范大学出版社2011年。
4. 冯友兰：《中国哲学史新编》，人民出版社2001年。
5. 胡适：《中国哲学史大纲》，上海古籍出版社1997年。
6. 胡适：《中国中古思想史长编》，上海古籍出版社2013年。
7. 陈荣捷：《中国哲学文献选编》，杨儒宾等译，江苏教育出版社2006年。
8. 劳思光：《新编中国哲学史》，广西师范大学出版社2005年。
9. 韦政通：《中国思想史》，上海书店出版社2003年。
10. 陈少明：《做中国哲学：一些方法论的思考》，三联书店2015年。
11. 龚隽：《禅史钩沉：以问题为中心的思想史论述》，三联书店2006年。
12. 王格：《"中国哲学"何以正当的最早论述——明清之际西人之证言》，《哲学研究》2019年第7期。

《大转型》导读

《大转型》一书由著名经济史学者卡尔·波兰尼所著,目的在于揭示迄今为止在西方不断展开的政治与经济发展过程。波兰尼认为,在现代化潮流中,个人自决日益成为人类生活中决定性的原则,该原则在经济领域体现出来的,就是市场交易自由原则在全世界的扩展,以及从商品领域向要素领域的扩张。与此同时,在三种要素领域(劳动力、土地和资本)中,不断兴起反对市场的运动,并因此发展出由各种措施、政策所织成的网络与各种强有力的制度,来抑制与要素相关的市场扩张行为。正是这一双重运动,塑造出现代世界。波兰尼的这一双重运动的说法,本文将其发展为一个"双重运动模型",并

《大转型:我们时代的政治与经济起源》,[英]卡尔·波兰尼著,刘阳、冯钢译,浙江人民出版社2007年

以此来解释现代国家的兴起,同时揭示其对中国现代国家建设的启示。

学者小传

刘守刚，男，上海财经大学公共经济与管理学院副教授，经济学博士、法学博士，研究领域为中国财政史与西方财政思想史。

《大转型》中的双重运动模型及其启示

刘守刚

在1500年之后的经济、社会、政治现代化潮流中,个人自决日益成为人类生活中决定性的原则。黑格尔将这一变化描述为"世界精神意识到自我在个人中的存在",而梅因的说法是,"个人自决的原则,把个人从家族和集团束缚的罗网中分离出来;或者,用最简单的话来说,即从集体走向个人的运动"。①

这种个人自决的原则在经济活动中,就体现为买卖双方的交易自由。在不存在暴力和欺诈的前提下,通过讨价还价达成的交易,对买卖双方都有利。因此,在自利动机的驱使下,所有的经济主体都会积极投身交易活动,并由此推动形成一个自由的市场、自由的社会和自由的国家。至少,在部分自由主义经济学家眼中,人类现代化就是这样一种图景,即自由原则在经济、社会和政治领域中的不断扩展。或者说,在上述经济学家的眼中,现代世界的兴起是自由原则不断地从经济领域向社会和政治领域扩张的结果。

---

① 梅因:《古代法》,沈景一译,商务印书馆1997年版,导言第18页。

不过，20世纪公认最彻底、最有辨识力的经济史学家卡尔·波兰尼（Karl Polanyi，1886—1964）并不同意这样的观点。这位出生于奥匈帝国时期的匈牙利犹太人，一度作为资深编辑为《奥地利国民经济》杂志工作。由于法西斯运动日益猖獗，1933年波兰尼被迫流亡到英国，在工人教育协会（牛津大学和伦敦大学校外部）做讲师。1940他在美国本尼顿学院做访问学者时，开始写作《大转型》一书。1944年，这本不朽之作在英国出版。言辞雄辩、资料丰富和洞察力深刻是这本书的最大特色，从历史事实总结而来的格言警句随处可见。在阅读过程中，读者除了可以获得历史知识与理论训练外，也可将其视为一次心灵的旅程和灵魂的升华过程。

在《大转型》一书中，波兰尼认为，我们时代政治经济发展的实际图景远为复杂，它实际上起源于一个双重运动：一方面是市场原则不断扩张的运动，另一方面是在虚拟商品（即劳动力、土地和货币①等要素）领域中，各种反对市场的力量不断对市场原则的扩张进行抵抗和限制。他的原话是："一方面，市场扩展至全球各地，牵涉其中的物品数量增加至让人难以置信的程度；另一方面，各种措施和政策所织成的网络与各种强有力的制度配合，目的是抑制与劳动力、土地和货币相关的市场行为……在自发调节的市场体系所固有的威胁面前，社会奋起保护自己。"②

本文通过解读波兰尼《大转型》一书，来概括和整理上述双

---

① 这种生产要素，波兰尼使用"货币"一词来表达，而今天的经济学一般使用的词语是"资本"。两个词语的指向相似，但含义有区别。本文对此未进行严格区分，多数时候用"货币（资本）"的说法来统称。

② 卡尔·波兰尼：《大转型——我们时代的政治与经济起源》，冯钢、刘阳译，浙江人民出版社2007年版，第66页。下文凡是引用该书的部分，都将直接在文后括号中标明页码，不再一一使用脚注。

重运动所涉及的相关内容,并将其发展为一个"双重运动模型",以此来解释现代国家的兴起,并揭示其对中国现代国家建设的启示。

一、市场原则的扩张运动:双重运动之一

正如波兰尼一再指出的,古典经济学有一个传统,认为人类在自然状态中具有一种互通有无、互相交易的秉性。这种所谓的个体交换的秉性,导致地方市场和劳动分工的必然出现,由此形成远程贸易和地域分工。因此,在自由放任的前提下,市场经济将能够自发形成,并自主运转和成长。所以,在这些经济学家看来,市场源于人类以交易来获利的本能动机,它自发存在并不断扩大,不需要政府的干预。

哈耶克显然秉承了古典经济学的这一传统,将这样逐渐形成的市场经济称为"人类的扩展秩序"。不过哈耶克为这样的扩展秩序设定了一个前提条件,即存在着受保护的私有产权(他称之为"分立的财产")。他认为这种受保护的私有产权,最早出现在地中海周围地区,并成为欧洲文明的古典遗产①。

但在波兰尼看来,在我们的时代之前,没有任何哪怕只是在原则上由市场控制的经济曾经存在过,通过交换来获取利益和利润这样一种动机,此前从未在人类经济中扮演过重要的角色(第37页)。古典经济学的看法显然是对过去的误读,虽然它是对未来的

---

① 哈耶克:《致命的自负》,冯克利等译,中国社会科学出版社2000年版,第28—33页。

准确预言①。在他看来,真实的历史应该是这样的:起点是远距离贸易,它是货物的地理分布以及由此形成的结果;远距离贸易经常会产生各种市场,不仅包含着以物易物,而且如果使用货币的话,它还包括买和卖,但在任何程度上都不是必然地为某些个体提供一个机会,让他们得以沉浸在讨价还价的秉性之中。换言之,尽管远程贸易有史以来一直存在,但它并不意味着个人的交易秉性,也不带来市场经济。虽然存在着零星的市场,但那只是其他经济形式的附带现象。

在其他知识的丰富程度方面,波兰尼也许不及哈耶克,但仅就经济史学而言,波兰尼恐怕远超哈耶克。在哈耶克那里,经济形式最多是两类,一类是确立了私有产权的能够不断扩展的市场经济,另一类是未确立私有产权的不能扩展的经济。但在波兰尼这里,我们看到在近代市场经济之前,有三种经济形式,分别是互惠经济、再分配经济和家计经济。

互惠经济的运转依靠对称式的组织安排。例如,在特罗布里恩群岛,不同岛屿的居民展开贵重物品的交换,以互赠礼物的形式来实现互通有无。再分配经济从辐辏结构得到助益。例如,埃及和中国这样的古老王国,通过掌握在政府手中的粮仓和货仓,实现对全国物品的集中和贮存,并通过这些仓库将各种物品分配出去。而家计经济,则以自给自足原则为基础。例如,中世纪的庄园就是这种为自己的需要而生产的单位。波兰尼指出,"直到西欧封建主义终

---

① 对此,马克思也曾有类似的评论:"被斯密和李嘉图当作出发点的单个的孤立的猎人和渔夫,应归入十八世纪鲁滨逊故事的毫无想象力的虚构……这是错觉,只是美学上大大小小的鲁滨逊故事的错觉。这倒是对于十六世纪以来就进行准备、而在十八世纪大踏步走向成熟的'市民社会'的预感。"(马克思:《政治经济学批判》导言,《马克思恩格斯选集》,人民出版社1972年版,第二卷第86页)

结之时，所有经济体系的组织原则要么是互惠，要么是再分配，要么是家计，或者三者之间的某种组合……直到中世纪结束之时，市场不曾在经济体系中扮演过重要角色，盛行的是其他种类的制度模式"（第47页）。

总之，虽然在互惠经济、再分配经济和家计经济中，市场多少都存在，但以自由交易为原则组织起来的市场经济却是近代的现象。至于为什么市场经济能够取代其他经济形式成为近代的主要形式，波兰尼在书中只是从外因给出一个解释，即市场经济起源于同经济体内部组织无关的外部领域之中（第55页）。他说，在15至16世纪，欧洲各国政府运用重商主义政策，将市场制度强加于具有强烈保护主义倾向的城镇、公国或行会头上，动用权力和行政管理技术摧毁阻碍贸易的封建割据势力，从而"将商业和贸易扩展至整个国家疆域，并成为经济活动的主导形式"（第57页）。因此，市场经济是权力创造的结果，"西欧国内市场实际上是由国家干预所创造的"（第55页）。

可为什么直到15、16世纪，欧洲各国才用权力创造出市场？波兰尼并没有进一步追究其内在的动因。但是波兰尼非常正确地指出，市场经济必须以权力所创造出的市场社会为前提，它是内嵌在一定的社会制度中的。也就是说，市场经济体系是依靠非经济动机得以运转的。实际上，经济制度只是社会组织的功能（第40页）。这就是波兰尼反对古典经济学的地方，因为在他看来，市场从来不是自发形成的，更不会自发运转。

不过，波兰尼并未忽视市场经济形成后开始出现减少国家干预、实行自发调节的要求，即所谓的经济自由主义。他将经济自由主义归因于工业的要求，也就是说，只要用精致的机器和工厂生产，有关自发调节的市场的观点就会形成,因为机器工业生产涉及长期投资以及承担相应的风险,需要自主决策和自由交易(第35页)。

波兰尼特别强调的是,在近代出现的这种经济自由主义的要求,具有自我扩张的能力,能够将自发调节、自由交易的教义扩张到社会领域中去。他指出:"市场控制经济体系会对整个社会组织产生致命后果的原因所在:它意味着要让社会的运转从属于市场……一旦经济体系通过分立的、以特定动机为基础并被授予特殊地位的制度来运转,社会就必须以使该体系得以根据自身的法则运转的方式来形塑自身。"(第50页)"让社会的运转从属于市场"主要指的是市场原则扩张到工业生产所需的生产要素中,也就是说,要将土地、劳动、资本等要素纳入市场原则,使其成为市场经济体系绝对关键的组成部分。

揣摩波兰尼的意思,应该是这样:市场经济是近代以来权力创造的结果,但在市场经济形成以后,经济领域中所通行的自由主义原则将不可避免地把劳动力、土地和资本等要素纳入市场,进而影响到社会和政治制度。因此,他又说,现代国家"是商业革命引发的新创造"(第55页)。

事实也是如此。从历史上看,在西欧国王利用重商主义政策削除封建关系、帮助或者创造个人自决的市场经济过程中,现代国家的各种社会和政治制度才得以逐渐建立;也只有在市场经济所奠定的物质基础和社会关系之上,一个现代的国家才有可能不断成长。

二、反对市场原则扩张的运动:双重运动之二

市场原则的扩张是近代政治和经济发展的主要潮流,这一扩张

自然延伸至生产要素的领域。但正如波兰尼指出的，劳动力、土地和货币（资本）并非商品（商品必须是为了出售而生产出来的），只不过分别是构成社会的人类本身（劳动力）、社会存在于其中的环境（土地）和立足于人类心理的购买力象征（货币）。要将它们纳入市场，就必须通过某种虚构的方式，而这"就意味着使社会生存本身屈从于市场的法则"（第62页）。

因此，在波兰尼看来，如果将要素纳入市场原则，人类社会就会成为经济体系的附属品，市场机制将成为人的命运、人的自然环境，乃至他的购买力的数量和用途的"唯一主宰"。对这一后果，社会兴起了种种反抗运动，政府也建立起各种措施和制度来加以限制。这就是波兰尼所述的第二重运动，即在劳动力、土地和货币（资本）等要素方面，市场原则的扩张受到了限制或者反抗。

（一）劳动力和土地方面

波兰尼没能明确区分的是，在劳动力和土地两种要素上的第二重运动其实有两个不同的力量来源：一个来源于旧的力量，其反对市场的目的是返回过去的社会关系（封建关系），可称为反市场的力量；另一个来源于新的社会力量（工业革命和市场经济带来的力量），反对市场的目的在于超越当前以获利为动机的社会关系，以建立一个更美好的社会，这可称为超市场的力量。

反市场力量掀起的运动在《大转型》一书中有两个重要的案例，一个是反圈地运动，另一个是斯品汉姆兰法令，两者分别是对市场原则扩张到土地要素和劳动力要素的反抗。

英国的圈地运动是土地贵族将归属于他们名下但按习惯由村舍公用的土地（或者荒地）标出明确的产权关系（圈围起来），将其出租成为牧地，用于高利润的养羊业，从而在实质上将土地这一要素纳入市场。从市场原则来看，圈地运动应该是一场"进步"，它提高了生产效率，提升了土地的收益和价格。但是这一运动搅乱了原有的社会秩序，破坏了古老的法律和传统习俗，造成了众多的失地农民；尤其是其中存在诸多暴力行为，给当时的社会带来极大的痛苦和混乱。为了使这种痛苦和混乱不至于毁灭社会共同体，在圈地运动中，王权站到了市场的对立面。而原来在商品市场中，王权曾坚决地站在市场一边，运用重商主义政策来促进市场的发展。此时，国王和他的枢密院巧妙地利用封建特权制止土地性质的改变，运用王室法庭打击圈地运动中的暴力行为。虽然国王的反圈地行动未能阻止土地市场化的运动（历史潮流不可能阻挡），但这一行动本身并非毫无意义。一方面，在与各土地贵族斗争的过程中，王权得以壮大，国家力量不断成长。另一方面，反圈地运动延缓了市场化的进程，减轻了受害者的痛苦，使市场化的速度减缓到社会所能承受的程度。正如波兰尼指出的："变迁的速度与变迁自身方向相比并不显得不重要，虽然后者常常是不依赖于我们意志的，但我们所能承受的变迁发生的速度却是可以由我们来控制的。"（第32页）

1795年英国法官颁布了斯品汉姆兰法令，它确定一个穷人维持家庭生活所需的最低收入水平，宣布如果某个穷人从工作中挣得的收入低于这一水平，那么当地教区或地主必须补足这低出来的差额（第70页）。这一法令为穷人建立起仁慈的家长制度，以保护劳动力免受市场体系的威胁。但是，该法令在事实上却将原本可以自由流动的劳动力限制在旧封建关系（教区、地主）的束缚中，因而妨碍了竞争性劳动力市场的建立。因此，斯品汉姆兰法令的实质，是用传统的封建关系和力量来阻碍劳动力的市场化。

超市场的力量最为突出的表现是19世纪开始的种种将劳动者从商品化境地挽救出来的努力。与反市场力量主要来源于统治阶层不同，超市场力量基本上来自工人阶级。正如波兰尼强调的，"从历史上说，工人阶级与市场经济是同时出现的"（第87页）。超市场力量并不否认工业革命的历史方向（这一点与反市场力量不同），但它希望使劳动者成为机器的主人，希望工人的生活中除了工资外，还包括诸如自然环境、家庭环境、商品质量、雇佣关系稳定等多个方面（第146页）。总之，它要的是工人摆脱劳动力作为单纯商品的命运，而成为全面的人。波兰尼在书中，以欧文主义运动、宪章运动以及欧洲的共产主义运动为例，来说明工人阶级超越市场的努力，以及因此而取得的对自身的保护。在欧洲大陆，工人"主要通过立法来取得这种保护"，而英国的工人"更多是依靠资源的联合——工会——或者是他们对劳动力的垄断权"（第150页）。

显然，在工人阶级种种超市场的运动中，各种社会立法、工厂法、失业保险制度等得以建立，工会及工人阶级政党纷纷成立。这一切大大完善了现代国家的制度。更为重要的国家制度建设是普选权的推广，它使大众民主成为现代政治的现实。大众民主使工人阶级获得一种能力，即利用选票来要求政治权力去制约资本，限制劳动力商品化的程度。当然，现实中还出现了既反对工人运动又反对市场经济，同时要求对社会进行保护的一种反动思潮和情绪。在波兰尼看来，法西斯主义正是这样一种思潮，它是在市场经济和大众民主处在普遍危机之中诞生的，其本身没有一种可被认可的标准，也没有惯常的信条。法西斯主义服务于民族问题，只不过是它碰巧"捡到的"工作（第203页）。

超市场力量还表现为对土地商品化的反对。在经济中的功能和价值只是土地的属性之一，它还"为人类的生活提供稳定性，为他提供栖息之所，是他生理安全的条件，也是风景和季节"（第152页）。将土地纳入自由交易的范围一直以来都受到反市场力量的制约，在英国尤其体现在普通法对土地自由交易的反对上（第155页）。但是自由原则延伸到土地要素这一潮流毕竟无法阻挡，到19世纪中期，英国土地交易中的契约自由得到了法律的认可，反市场力量至此基本终结。因此，"土地的商品化只不过是封建主义消亡的另一种说法"（第153页）。在欧洲大陆，尽管市场力量同样取得重要的进展，但土地领域的反市场力量得以保留。因为土地利益集团（地主、教会和军队）找到了一个可扮演的新角色，成为王权和国家的保卫者，为19世纪这个动荡时代发挥秩序维护和社会团结的功能。19世纪与这一反市场力量结合在一起的浪漫主义思潮，也是通过对土地作为人类自然栖息地和传统文化价值保存者的捍卫，来发挥限制土地商品化的努力。当然，真正反对土地要素市场化的力量应属当今全球方兴未艾的各种环保运动，一种超市场的力量。这是波兰尼在写作《大转型》时，尚未有机会充分认识到的。环境保护运动，通过保存土地的原初状态，限制其过度的商业开发，以及反对生产过程中不加节制的污染，从而在相当程度上既承认和肯定了市场原则，又限制了土地商品化的趋势。在环保运动的推动下，各国政府纷纷通过立法、建立相关机构来保护人类生存的自然环境，在一定程度上满足了土地要素方面超市场的要求，也因此完善了现代国家的制度及功能。

（二）货币（资本）方面

以上是劳动力和土地两种要素在市场化过程中激发起的两个方

向的反抗，以及在此过程中现代国家的完善。第三种要素是资本，在波兰尼著作中被称为货币。当然，货币（资本）市场基本上是现代现象，对这一领域内市场原则的反对力量基本上就一种①，不像劳动力和土地要素有两个方向上的重要反对力量。

如前所述，交易自由的原则作为自由主义信条，在 19 世纪下半叶取得了压倒性的胜利。在经济自由主义者看来，货币（资本）市场同样是不容国家干预的。因而，以黄金作为货币本位，并在金本位制基础上形成的资本市场和国际经济秩序，是最为可取的经济制度。这是因为货币（黄金）的数量取决于自然产量，而不决定于政府的决策；国与国之间的经济交往（货物进出口和投资）由各国货币的含金量及各国生产率决定，通过黄金的自由流动而调节。建立于金本位制基础上的资本市场也因此可自由升落而无须政府介入。

问题是，金本位制有一个根本的缺陷，那就是黄金的数量不能按照需要而增长，它的产量往往跟不上经济增长的实际需要。如果实际生产能力快速增长，或者如果商品交易量突增，在没有代币的情况下，（黄金）货币过少就会导致价格下降，引发市场萧条和经济萎缩，并带来失业（第 165 页）。也就是说，不定期的经济萧条几乎是金本位制内在的缺陷，而商业可能会毁于这种经济调整过程。因此对货币和资本市场中的自由必须进行一定程度的限制，首要的就是放弃金本位制。

于是，在国家制度建设方面，中央银行首先被发展起来，以一

---

① 严格地说，对货币（资本）市场的交易自由原则也有两种反对力量：一种是前现代的反对力量，如基督教会对生息资本的反对；另一种是现代反对力量，如政府在保障交易自由前提下的种种管制措施。不过，在现代化过程中，前现代的反对力量相对弱小，显得不是那么重要，本文只讨论后一种。

定的代币来缓解金本位制的缺陷（第 169 页）。问题是，如果中央银行积极运行，金本位制的自动调节功能就被降低到徒有其表的水平，这是为当时的自由主义经济学所反对的。可如果坚持金本位制，就势必要压制中央银行的活动，减少政府的干预，强求政府财政的平衡。

波兰尼没有强调的是，资本市场的活动事实上高度依赖于人们的心理。在缺乏政府明确的姿态或行动时，人们往往会严重缺乏信心；而心理过分波动，则会带来资本市场的大麻烦。1929 年大萧条的发生正是如此。当一场平常的经济萧条来临时，在货币数量减少的情况下，由于政府奉行少干预的原则，导致人们的信心丧失，最终引发美国经济的崩溃和全球经济的大萧条。这场大萧条带来的一个后果，就是金本位制的崩溃。尽管以美元为本位来虚拟的"金本位制"仍然运转了不少时间，直至 20 世纪 70 年代才真正终结，但在货币方面逐渐为人所接受的观念是，以政府信用为基础的、由政府控制的纸币制度，应该代替金本位制。尽管支持金本位制的众多理由仍然值得人留恋，但那个时代毕竟过去了。今天的世界各国，都已通过中央银行将货币的控制权转移到市场之外，并将货币政策引入政治领域（第 168 页）。由此形成的一个后果是，只有那些拥有一个中央银行控制的货币（资本）体系的国家，才被认为是主权国家（第 214 页）。

除了货币本位制度外，由大萧条发展而来的还有种种对资本市场的管制措施与制度，以及执行管制政策的复杂机构。人们逐渐接受的公认信念是，资本市场中的交易自由原则必须受到政府管制措施和制度的限制。可以对波兰尼进行补充的意见是，货币和资本市场的麻烦并未因此过去，也许永远过不去。大萧条之后，世界范围内货币和资本市场出现了多次危机,其中最为突出的是日本金融危机、亚洲金融危机和 2007 年后由美国次贷危机引发的全球金融危机。因此,在货币和资本市场,政府以种种管制措施来限制交易自由,是现代国家仍需发挥的主要功能之一。

对此,坚持古典自由主义立场的经济学家们还是不赞成,他们喜欢将资本市场的麻烦都归责于危机国内部经济缺陷或者管制政策。他们试图说明,只要内部经济健康、政府廉洁高效,就不会出现资本市场的危机。因此,他们仍主张政府不去限制货币和资本市场中的交易自由。但是,正如病毒引发人体生病,在应对疾病时,加强身体的抵抗力固然重要,但是研制抗病毒的药物同样重要。针对货币和资本市场,在维持其基本交易自由的前提下,世界各国政府仍力图在管制措施和制度方面做到以下几点:(1)以强有力的姿态介入资本市场,增强市场参与者的信心;(2)时刻关注资本市场的泡沫状况,不让泡沫极度膨胀;(3)对国外投机资本保持足够的警惕。

三、双重运动模型及其对现代国家发展的启示

综上所述,波兰尼在《大转型》一书中,用市场原则的扩张运动和对市场原则扩张的反抗运动这双重运动来解释我们时代政治和经济的起源,为近代以来种种政治和经济现象提供了统一的解释,这些现象包括圈地运动、斯品汉姆兰法令、宪章运动、浪漫主义运动、社会主义运动、法西斯主义运动,直至 1929 年的经济大萧条。

波兰尼的这个双重运动将经济的、社会的和政治的内容混在了一起。如果我们将其中政治的内容(国家管制措施与制度的发展)

分离出来，并用经济和社会内容来解释政治内容（即用第一重运动中市场的扩张和第二重运动中社会的反抗，来解释现代国家的兴起与完善），这样就可以构建起一个运用经济和社会运动来解释现代国家兴起的模型①，本文称为波兰尼的"双重运动模型"。

这一模型可用图1来表示。

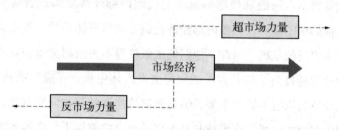

图1　经济和社会现代化的双重运动

图中，主要的和中心的位置表示的是波兰尼所述的第一重运动，即以交易自由为原则的市场经济，处于不断扩张的过程中，并成为近现代发展的主要潮流。波兰尼所述的第二重运动，图中只保留了社会对市场原则的反抗，这种反抗力量又被细分为反市场力量和超市场力量两种。超市场力量与市场经济在面向未来这一方向上是一致的（如对工业革命的肯定），只不过力图超越市场关系而寻求更美好的社会制度；反市场力量则采取了与市场经济相反的方向，力图将经济纳入过去的社会关系。

概言之，波兰尼双重运动模型所阐述的经济社会运动与现代国家兴起之间的关系包括如下内容：

---

①　现代国家从何而来？这是政治学需要回答的一个重大问题。蒂利说的是："没有人设计了民族国家的主要组成部分……它们通常或多或少是作为无意识的副产品而形成的。"（查尔斯·蒂利：《强制、资本和欧洲国家（公元990—1992年）》，魏洪钟译，上海人民出版社2007年版，第29页）

（1）经济与社会现代过程包含双重运动，第一重运动是市场原则的扩张运动，第二重运动是社会从两个方向反抗市场扩张的运动；

（2）在应对这个双重运动的过程中，现代国家逐步发展起来；

（3）一方面，国家的权力和机构，从市场自由化方向获得资源和力量，并伴随市场而共同成长；

（4）另一方面，国家不断地调适和增加职能，以限制要素市场中的交易自由，降低要素市场化对社会的破坏，部分地满足反市场力量和超市场力量的要求；

（5）与此同时，国家也限制这两种反对力量，以保证社会正常的秩序，并通过吸收其中的合理要求，实现现代国家的发展。

上述模型可用波兰尼书中描述的如下历史加以验证。19世纪以前，现代国家在西欧的兴起，除了从市场经济发展中获得资源和力量（如向新兴市民阶级征税）外，其发展的主要方面表现为：抑制反现代化的力量，打碎封建关系，协助市场力量的扩张；通过济贫、劳动立法等活动，延缓市场自由化的进展，控制其破坏性的力量，以保护社会不至于崩溃。而19世纪以后的历史，主要体现在国家对超市场力量的控制，如通过发展大众民主、保护工会活动、进行环保立法等。在这种控制过程中，国家也吸收了超市场力量运动中的合理因素，逐渐获得控制市场原则扩张的能力，以维持社会的平衡。

波兰尼双重运动模型在一定程度上也可用来解释中国革命中所建立起来的"工人阶级领导的工农联盟"的必要性。在中国近现代历史中，最为突出的方面是西方列强所带来的市场原则的不断扩张，以及中国革命力量对这一扩张的种种反抗。在反对市场原则

（资本主义）方面，工人和农民的目标是一致的，因而可结成联盟；农民人数最多，可作为革命主力军，但其方向毕竟是逆现代化潮流（如工业化）的；这就需要人数虽少，却诞生于市场经济中、具有现代化方向的超市场力量——工人阶级的领导。就此而言，中国革命的成功是超市场力量与反市场力量结盟的结果，这一结果同时指向工业革命所代表的现代化方向。1978年后中国在市场化方面取得的进展，无非是该模型中的第一重运动（市场原则的扩张）的结果，或者说是中国的发展汇入现代化的主潮流。

中国目前正行进在通向现代国家的道路上，上述双重运动也同样显现出来。一方面，作为现代化标志的市场化潮流日趋明显，社会和政治生活中种种不自由的方面需要调试和改变；另一方面，由市场原则在要素市场所引发的问题或灾难也日益突出，社会对此也提出意见或进行反抗。

为了应对这双重运动，中国的国家制度建设需要进一步构建或调整。对于第一重运动，中国需要做的是，继续进行经济、政治体制的改革，消除市场中的垄断，克服腐败对市场的影响，帮助自由的原则在市场中运行得更为通畅。对于第二重运动，需要做的主要有：（1）劳动力方面，重视劳动力的法律保护以及工人组织的自我保护，与此同时，社会保障制度的建设也极端重要；（2）土地方面，要扶植弱势农业产业，保护环境和自然资源，同时要对土地市场投机保持高度警惕的态度；（3）货币（资本）方面，在货币（资本）市场大体自主运行的前提下，需要确保货币政策的独立，促进金融体系的健康，同时对资本市场的投机活动进行有力的监管。

《诗经》导读

《诗经》也叫《诗三百》《诗》，是中国最早的一部诗集，创作时间跨越商朝末期到春秋时期孔子出生前。分为风、雅、颂三部分，国风主要由当时的民歌组成，是周朝乐官从各地采集而来。雅、颂主要由当时的统治者和贵族创作，大多数诗歌的作者已经不可考，有少部分诗歌的作者可知。《诗经》内容丰富，是理解中国古代社会和文化的最好读本之一，它具有持续的文化影响，并且传播到了海外，其影响力方兴未艾。

《诗经选》，余冠英选注，中华书局2012年

作者小传

韩亦,美国亚利桑那大学博士,上海财经大学经济社会学系副教授、系主任。主要研究方向为组织社会学和科技社会学,熟悉统计学、社会网络分析、定性比较方法,近年来在企业组织研究领域发表了一系列论文,目前在研究大学组织的创新与发展,阅读较广泛。

《诗经》导读

韩 亦

孔子有一次让他的弟子各言其志,曾点从容地放下他的乐器瑟,回答道:"暮春者,春服既成,冠者五六人,童子六七人,浴乎沂,风乎舞雩,咏而归。"打开电脑写这篇文章正是早春时节,而我已经想着暮春时的踏青活动了。肆虐全球的新冠肺炎疫情尚未过去,不宜远行。如果你在上海,不妨在市内找地方欣赏春天,上海的市中心有一个游玩的好去处:豫园。从豫园的正门进去看到的第一座建筑叫三穗堂,大厅中堂高悬一块匾额,上面写的是"灵台经始",出自《诗经·大雅·灵台》:"经始灵台,经之营之。庶民攻之,不日成之。"灵台是周文王时期建造的一座园林。孟子见梁惠王时说:"文王以民力为台为沼,而民欢乐之,谓其台曰'灵台',谓其沼曰'灵沼',乐其有麋鹿鱼鳖。古之人与民偕乐。"说的是周文王让民众建造了一座园林,草地上有麋鹿,池水里有鱼鳖,大家一起观赏都很欢乐。中华文明的起点很高,从商周时期起就极具生活美感,能营造美丽园林就是例子之一。周文王的灵台现在已经不见了,但《诗经》中的这首诗一直启发后人在各地营造优美的居住和游玩乐园,影响遍及东亚。

《诗经》何尝不是一个优美的园林,一个用文字营造起来的不朽园林?诗里面有厅堂、厢房、宴会厅、书房和后院,也有草虫黄鸟、甘棠椟木等。没有到过豫园的朋友,可以抽空去品味一下这个园子;没有读过《诗经》的友朋,我虽不是专业的导游,但乐意带你们去看看《诗经》的景观,并衷心祝你们能以《诗经》为蓝图,营造好自己内心美好的乐园。

一、《诗经》简介

《诗经》包含 305 首诗歌,另有 6 首只留题目没留下正文,仅做存目,所以又泛泛称为《诗三百》。《诗经》的字数有人统计是 39 234,总段落数和句子数没有人数过,但以一句 8 个字为估计单元量,大约有 5 000 句。之所以对《诗经》的句数感兴趣,是因为后来人引用《诗经》经常是从其中摘出一两句来做点缀,以增强说服力,所以尽管只有 305 首,但引用《诗经》的方式数以千计,这是一本内容极为丰富的巨著。

这些诗的创作时期大致为商朝末期到春秋孔子出生前。据一则新闻消息:清华简里发现了周武王的乐诗。简上记载周武王伐商以前,在周国宗庙举行典礼,有武王、周公、召公、姜太公等人,典礼中有饮酒赋诗活动,其中一首诗是《蟋蟀》,现存于《唐风》。我没有亲眼看过保留在清华大学的清华简,如果属实,那可能是有确切记载的最早的一首《诗经》之歌。从内容推测来说,颂特别是商颂很可能更早。周朝建立于公元前 1046 年。《诗经》中一首后期创作的诗《陈风·株林》写陈灵公之事,陈灵公去世于公元前 599 年。从《蟋蟀》到《株林》,至少跨越了 450 年的历史。

大家都知道《诗经》按内容和赋诵目的不同，分为风、雅、颂三个部分，后来诸侯国之间、诸侯与周王室之间文化相互影响，这种分类并不严格了。例如，风诗在诸侯会同、公卿交游中常常被使用，雅、颂也可以用于较为轻松的场合。就内容来说，各部分也有可重叠之处，例如，雅分为大雅和小雅，大雅和颂在内容上接近，而小雅和风没有明显的内容上的差异，所以当代人读《诗经》不必拘泥于风、雅、颂的原初分类。颂原来是王室的宗庙祭祀和庆典的曲目，有周颂、鲁颂和商颂。鲁国是周公旦的封地，周武王的继承者周成王出于尊重周公的考虑，让鲁国有演奏天子礼乐的权力，所以才有鲁颂而没有鲁风。宋国是周朝给归服的商王室后裔的封地，也给他们演奏商乐以祭祀他们祖先的特权，所以有商颂而无宋风。风一般认为有十五国风，严格来讲，国风中的周南、召南不是哪个具体的国家的诗歌，而是从周公旦和召公奭分管地区采集来的诗歌。王风是东周王室的洛邑及周边区域（即"中国"）的诗歌，成诗与周南、召南相比较晚，也比十五国风中排列在最后的豳风晚。豳风中的七首诗在国风中比较独特。豳风从篇名上看是豳地之歌，豳地在现在的陕西，离当时西周王室的政治中心不远，但这几首歌除了《七月》之外都与当地的关系不大，可以说《豳风》是不限于豳地的，而是围绕周公旦的治理活动而作，创作时间应该集中在周公执政和东征前后，也就是周朝的初创时期，在《诗经》中属于比较早期的作品，并且创作时间间隔不大。豳风何以叫豳风？我猜想是周公旦东征时，兵将的来源主要是周朝的发祥地——豳，所以他们一路上的歌唱都被称为豳风了。国风中的邶风和鄘风也较为特殊，说的都是卫国的事。因为邶、卫、鄘三国号为"三监"，是拱卫西周王室抵御东部部落的缓冲地带，三监之乱之后，周公旦将邶、鄘并入卫,还包括了原来商朝的遗民,所以这块地方我简称为"大卫",文化上融合商、周,气氛较为高雅和活泼。这样,十五国风可以理解为九国两南一王一豳之风。

《诗经》中的国风主要是周朝乐官从各地采集来的。周官采诗,是一种极为文明的制度,反映了中国人从上古起就重视文化创作和文化保存。《诗经》的作者大多数都不知道是谁,但这没有什么可纠结的。如果我们把《诗经》比喻为一部浓缩版的中国文化,它是由每个人都出一份力而合成的,文化属于每一个人。当然,《诗经》中有些诗歌是有明确作者的,如写《小雅·巷伯》的孟子,这个孟子不是后来的亚圣孟子,而是一个在周宫中做事的人,我们之所以知道这首诗是他写的,是因为他把自己带入了诗中:"寺人孟子,作为此诗。凡百君子,敬而听之。"

据宋代学者朱熹考证,中国历史上第一位女诗人是庄姜,生活于公元前700年左右,是齐国公主,嫁给卫庄公。她美丽非凡,《诗经·卫风·硕人》据说是描写庄姜的:"手如柔荑,肤如凝脂,领如蝤蛴,齿如瓠犀,螓首蛾眉,巧笑倩兮,美目盼兮。"这首诗如此优美,以至于以后的古代中国人描写美人基本上这样写。朱熹又考证,《诗经》中有五首诗出自庄姜之手,即《柏舟》《绿衣》《燕燕》《日月》《终风》,几乎每一首描写的都是美丽的哀愁,而且都是经典的名篇。其中不乏流传至今的名句,如《柏舟》中的"我心非石,不可转也",《绿衣》中的"我思古人,实获我心"。

《诗经》中还有一位女诗人——许穆夫人,不仅婉约,而且豪放。她是卫国公主,嫁给许国国君穆公。据清代学者魏源考证,《载驰》《泉水》《竹竿》三首杰作都是她写的。她不但富有才华,而且能以行动救国,卫国被狄人所灭,她的兄长卫懿公被杀,她不顾许国的懦弱君臣的反对，迅速回到卫国领导复国运动并且最终成功。"百尔所思，不如我所之。"她是一名富有才情的诗人，也是一位优异的领导者。

除了这两位让人敬重的女诗人，君王公卿作诗也容易被记载下来，所以《诗经》中有一些诗我们是知道作者的。如《豳风·鸱鸮》是周公旦所作，《大雅·文王》据说也是他所作，都达到了很高的艺术高度。周公旦辅佐周成王看来也很有成效，如周颂中的《闵予小子》《访落》《敬之》等诗篇为年幼的成王所作，也颇有才思。周朝除了开国时期以外，两百年后的共和行政及前后颇有起伏，重要的历史时期必然会在文学上有所反映，所以这个时代也出了芮良夫（《大雅·桑柔》的作者）、召虎（据说是《大雅·江汉》的作者），甚至周宣王也作诗，求雨诗《大雅·云汉》应该是他和大臣集体创作的。周宣王时期最富创作力的诗人是太师尹吉甫，有种说法是《诗经》最早是由尹吉甫后来是由孔子编纂的，所以《诗经》的编者应该至少有两人。《大雅》中的《崧高》《烝民》《韩奕》等诗是尹吉甫的作品，《江汉》据说是他表扬召虎的作品。这些诗道统齐正、气势恢宏，描写了那段有正面作为的历史，也反映了尹吉甫文思如泉，可谓大时代的大手笔。

二、《诗经》与社会、生活

中国的另外一本经典著作《论语》通过一个叫陈亢的人的视角，记叙了孔子教育他的儿子孔鲤的方式：

陈亢问于伯鱼曰：子亦有异闻乎？对曰：未也。尝独立，

> 鲤趋而过庭。曰:学《诗》乎?对曰:未也。不学《诗》,无以言。鲤退而学《诗》。他日,又独立,鲤趋而过庭。曰:学礼乎?对曰:未也。不学礼,无以立。鲤退而学礼。闻斯二者,陈亢退而喜曰:问一得三。闻诗,闻礼,又闻君子之远其子也。(《论语·季氏》)

在《论语》的另外一篇,记载了孔子对孔鲤(伯鱼)更为具体的指导:

> 子谓伯鱼曰:女为《周南》《召南》矣乎?人而不为《周南》《召南》,其犹正墙面而立也与!(《论语·阳货》)

把《论语》中这两处孔子对孔鲤的指导结合起来,可以看到孔子以《诗》教子的理念:如果不学《诗经》的话,你就没法和别人文雅地说话。学习《诗经》要以其中的《周南》《召南》为准绳,如果连这个都做不到的话,人生就看不远也走不远。

二南是周公旦和召公奭这两位伟人治理过的地方,文化更为高雅。二南的诗歌是学习《诗经》的好起点,也是理解周朝制度及文明的良好切入点。据说孔子特意选择四首诗作为《诗经》各个部分的篇首诗,这四首诗就叫"四始",国风的第一首是《关雎》,讲的是恋爱婚姻之礼,因为"夫妇之际,人道之大论也"(《史记》)。孔子当然知道这点对君子阶层乃至对邦国的重要性。

《诗经》的意义不仅在于养成文明且不压抑的恋爱观。孔子对他的弟子们曾言:"小子何莫学夫《诗》?《诗》可以兴,可以观,可以群,可以怨。迩之事父,远之事君,多识于鸟兽草木之名。"(《论语·阳货》)中国文明的起点很高,反映古人生活的《诗经》当然对文明生活有持久的指导意义,能让一个人的内心生活和群居生活都平和、美好，可以"兴观群怨"。于个人，可以"言志"；于群体，可以提升表达和理解的境界和水准。

《诗经》包罗中国社会生活的方方面面。它的优美提升了中国文明的高度，也可以提升个人生活的品质。提高个人生活品质的方式有多种，但当我们念到"秩秩斯干，幽幽南山。如竹苞矣，如松茂矣……爰居爰处，爰笑爰语"（《小雅·斯干》），三千年前中国人家居生活时的欢笑声扑面而来，这种怦然心动的感觉不是其他方式可以替代的。文明不仅需要用理性去发现新的生活方式，也需要心心相传的一些无形的东西，你会发现这些宝贵的心传在《诗经》中无处不在，并且毫不神秘。

诗三百，不但"思无邪"，也思无涯。良好的思绪和情绪弥漫在日常活动中间：有纯真的爱恋，如《关雎》《江有汜》；有礼教的初始——恋爱中以礼物相赠，如《野有死麕》《木瓜》；有对婚姻的祝福和向往，如《桃夭》《摽有梅》；有对美好的日常生活的描写，如小雅中的《斯干》和豳风中的《七月》；有的关乎人情和交友，如《棠棣》和《鹿鸣》；有的描写独处隐居也可以自得其乐，如《考槃》；有描写读书的方法和快乐，如《淇奥》《敬之》；有工作的辛苦和责任，如《庭燎》《四牡》；有关键时的决策，如《匏有苦叶》；有逆境中的不屈意志，如《鸱鸮》；有对死丧的哀伤，如秦风中的《黄鸟》；有对生活的合理享受，如《蟋蟀》。《诗经》的国风里也有许多民间的赞颂诗，如赞美猎人的《驺虞》、赞美田间劳动者的《汾沮洳》、赞扬美人的《月出》、赞扬健美舞者的《简兮》等。周建国之初，在统一天下之前就有了很发达的农耕文化，同时狩猎和野外采集也是重要的经济来源，所以猎人、采葛女、伐木者、耕田人的歌唱能此起彼伏，共同创作出一出中国版的音乐之声。

除了欢乐和喜悦,《诗经》中也有悲剧。同古希腊人一样,中国人很早就意识到了悲剧的意义,在《左传》中大量出现,在《诗经》中也不鲜见,如国风中的《二子乘舟》,颂中的《武》《酌》《赉》《般》《时迈》《桓》,这些诗都很短,但据孔子说这些舞蹈很长,也许反映了周武王内心深处哈姆雷特式的纠结,毕竟讨伐商王在当时是大逆不道的事情。在周武王之前,虽然也有商汤讨伐夏桀并取而代之,但是商朝延续了差不多500多年,这时"革命"尚未被赋予意义,周朝文化并不迷信,但也需要诗舞仪式将其"革命"合理化,据说这让周武王睡不好觉,很多年,在长夜和清晨伴随他的是弟弟周公旦。

国风中可以看到各地文化的互相影响,但各地的文化差异也很明显。二南比较接近周朝的理想国;大卫风因为受到商朝宫廷文化的影响,优美但比较耽于享乐;魏风接近北方戎狄民族,估计受了影响,民风直言不讳、蔑视权贵,如《葛屦》对好人(贵妇)的讽刺,《伐檀》对君子(贵族男子)的批评,《硕鼠》对君主贪婪、丑恶的嘲笑,这些诗都被周朝的乐官编入诗集,并且在宫廷演唱,也足以说明周朝官员有善纳众言的雅量。

《诗经》不只记录了生活,而且在应用中获得了新的意义和生命力。子曰:"诵诗三百,授之以政,不达;使于四方,不能专对。虽多,亦奚以为?"(《论语·子路》)说的是,不要以为将《诗三百》背下来就可以了,关键是要会应用它。在《论语》中多次记载孔子引用和应用《诗经》说明道理。例如,孔子的弟子子夏,有一次问孔子:"'巧笑倩兮,美目盼兮,素以为绚兮①'何谓也?"

---

① "素以为绚兮"没有在《诗经》中出现,可能是逸失的句子。

孔子回答："绘事后素。"子夏又问："礼后乎？"孔子高兴地说："起予者商也，始可与言《诗》已矣。"孔子和子夏把《卫风·硕人》中形容庄姜君夫人之美的诗句用来解释周礼的文明含义，非常精彩！引诗赋诗中的"断章取义"倒不是孔子的发明，在孔子之前的时代，在社会交往中赋诵诗歌已经非常普遍，如《左传》《国语》中多处记述诸侯国的大夫君子之间以诗言志、以诗助兴，以增强表达和说服力，甚至可以活学活用，抽取诗句来取其义趣。如《匏有苦叶》是大卫风中的一首写忠心不渝地等待恋人的诗，《左传》记载，襄公十四年，以晋为首的联合军准备攻打秦军，晋国卿大夫叔向检阅部队，鲁国大夫穆叔给他赋了爱情诗《匏有苦叶》，叔向就懂了。鲁国军队果然先渡河打仗，讨伐秦军。

根据《左传》等古籍的记载，春秋时诸侯会同、公卿出使，甚至民间的活动都会赋诗，有时佐以歌舞活动。如鲁襄公二十九年，吴国公子季札到鲁国访问，观礼中鲁国宫廷为他完整地表演《诗经》，绝对是一场历史盛宴！民间人士也会赋诵，如《论语》中记载孔子在卫国时遇到的一个人：

  子击磬于卫，有荷蒉而过孔氏之门者，曰："有心哉，击磬乎！"既而曰："鄙哉，硁硁乎！莫己知也，斯已而已矣。深则厉，浅则揭。"子曰："果哉！末之难矣。"（《论语·宪问》）

这个肩背上扛草筐的劳动者是谁，历史上没有留名，但他在孔氏之门一闪而过，显示了《诗经》对民间的深刻影响，在民间的劳动者也不拘泥于诗句的本义。诗可以兴！

《诗经》也流传到了其他民族，如《左传》记载襄公十四年，晋国大臣范宣子把戎族首领驹支抓了起来，驹支赋小雅中的《青蝇》一诗,"营营青蝇,止于樊。岂弟君子,无信谗言……"范宣子听了,向他道歉,并愿意礼貌平等地对待他。这件事进一步说明了《诗经》流传之广。

《诗经》在周朝时就流传很广,一直影响到现代社会,甚至不止中国。《诗经》至少给汉语贡献了100多个成语,尽管有些成语现在被反其意而用之,如"赳赳武夫""夙夜在公""忧心忡忡""充耳不闻""信誓旦旦""绰绰有余""天作之合"等。有些地方永久地打上了《诗经》的印记,如甘肃省灵台县,就是周文王和周民营造灵台园林的地方。日本国富山县高冈市,命名出自《大雅·卷阿》:"凤凰鸣矣,于彼高冈。"

中国人取名来自《诗经》的就更多了,仅以现代为例,著名翻译家傅雷,字怒安,出自《大雅·皇矣》:"王赫斯怒,爰整其旅,以按徂旅。以笃于周祜,以对于天下。"我国现代政治家任弼时的名字也出自《诗经》。

三、《诗经》读法

《诗经》很贴近人们的生活,所以其中的意象是好理解的,比较难理解的其实是文字。诗中一些文字成为成语,我们现在还在使用;一些文字在现代已经不大用到,需要做一些查询考证才会理解。理解之后就会感到《诗经》很让人受用,也很让人受益。

"诗无达诂",《左传》中讲到引用《诗经》可以断章取义,西汉时韩婴的《韩诗外传》更是一本教人取诗之大义的教科书。抽取诗句而取其字义和比喻来为我所用,这样做离诗的本义远了,但这何尝不是《诗经》赐予我们的自由?当然这个自由不可滥用,以免走向虚无主义。

关于《诗经》的读法，我的总体态度是"怎么都行"。把《诗经》比喻成一座美丽的园林，我们从不同的入口进，反而能发现新的风景，以游玩北京的颐和园为例，从西门进，更容易看到"豳风桥"，这座命名来自《豳风》的桥，从颐和园东门、北宫门、新建宫门进入反而难以发现。《诗经》这本书按风、雅、颂的顺序编排，但读诗不一定要这个顺序，先挑自己第一眼最喜欢的诗去读即可。我较早读的一首诗是《小雅·采薇》，其中的"昔我往矣，杨柳依依。今我来思，雨雪霏霏"曾让我感慨不已，也就很自然地爱上了读《诗经》。东晋谢安曾问谢道韫，《诗》中何句最佳，她答道"吉甫作颂，穆如清风"，就是《大雅·烝民》中的一句，为尹吉甫所作。读诗歌的自由容许有自己的品位、自己的喜好。比如《诗经》研究专家余冠英注译《诗经选》，其中选了近80首国风中的诗，我也曾选出自己喜好的40首风诗，对比一下，只有20首重叠，可见诗歌品位很难同一，同一反而丧失多样之美。

我以《诗经》中常见的几个意象来指导读诗：采摘、渡河、陟山、周行。

（1）采摘。读诗先要采集到足够的句子、段落和诗歌。不做研究工作的话，《诗三百》不一定要每一首都读，但读得越多，采集到的资料越多，就越好理解。采摘是积累素材，"绘事后素"，丰富之后才能有朴素之美。借用《周南》中的《芣苢》的意象：

> 采采芣苢，薄言采之。
> 采采芣苢，薄言有之。
> 采采芣苢，薄言掇之。

> 采采芣苢，薄言捋之。
> 采采芣苢，薄言袺之。
> 采采芣苢，薄言襭之。

《诗经》中的诗每一首都好，这一首尤其优美！大家读到这首诗，就应该知道什么是大音希声了：整个一首诗，6句只用12个不同的字，就勾画出一幅祥和欢乐的工作场景，甚至教会了我们如何去工作。许多事简单重复，心情愉悦地去做就能成功，包括我们的学习和工作，当然也包括学习《诗经》。读诗就应该像《诗经》中采车前草一样，反复读、变换方式去读。《诗经》中诗的长度和编排是最适合现在的手机屏幕的，更方便习惯用手机阅读的现代人。《诗经》里有大量的短诗，易于学习和体会，可以作为读《诗经》的起点。

我再借用《召南》中的《采蘩》来说明如何"采集"《诗经》：

> 于以采蘩？于沼于沚。
> 于以用之？公侯之事。
> 于以采蘩？于涧之中。
> 于以用之？公侯之宫。
> 被之僮僮，夙夜在公。
> 被之祁祁，薄言还归。

这首诗的前部分以问答的方式讲到采蘩的地点和蘩草的用途，后部分讲到采蘩的方式，成语"夙夜在公"出自此诗。提示我们做事和采蘩一样，要勤奋守信，要有美感，"僮僮""祁祁"是也，不要有畏难情绪，不达到目标绝不轻言放弃。学习《诗经》也一样，我以前读《诗经》因学业漫长、工作繁忙停止了很多年，现在想来殊为可惜。其实在学习和工作中能有《诗经》相伴可能感受会更好，也会更有效率。

（2）渡河。《诗经》离我们的日常生活不远，但我们的日常生活有时会被蒙蔽。我们应该从被蒙蔽的假象中走出来，渡河到《诗经》的原初意象中去。中国著名的历史学家陈寅恪说："士之读书治学，盖将以脱心志于俗谛之桎梏。"读《诗》也一样，可以"脱心志于俗谛之桎梏"。以《卫风·河广》为例：

> 谁谓河广？一苇杭之。
> 谁谓宋远？跂予望之。
> 谁谓河广？曾不容刀。
> 谁谓宋远？曾不崇朝。

周代的卫国和宋国隔河相望。宋国是武王和周公旦给殷商后裔的封国，可以祭祀商王室的祖先，商颂中的诗歌就出于此。卫国也有大量殷商遗民，这首诗可以理解为一位殷商的遗民思念故国，想渡河到仍然保留了殷商旧制的宋国去看看，在他或者她的强烈思念下，黄河也显得温柔了、细小了，就可以轻松地渡过去。读诗也如渡河，有念头就有决策，有决策就有行动，有行动就能克服困难，困难就不那么难！如大卫风中的《匏有苦叶》：

> 匏有苦叶，济有深涉。深则厉，浅则揭。
> 有弥济盈，有鷕雉鸣。济盈不濡轨，雉鸣求其牡。
> 雝雝鸣雁，旭日始旦。士如归妻，迨冰未泮。
> 招招舟子，人涉卬否。人涉卬否，卬须我友。

前面谈到在《左传》中鲁国卿大夫穆叔用这首诗向晋国卿大夫

叔向表达决心,《论语》中有"打工仔"用"深则厉,浅则揭"来讲处世的方法,孔子感叹道,"果哉!末之难矣",如果做到了就没有什么能难倒他了。《诗经》也一样,有深刻的诗,有浅显的诗。深刻的、浅显的,都可以读,也许读法不同,但读通了就算顺利渡河了。

(3)陟山。"陟"就是登高的意思。登山的意象也在《诗经》中反复出现,比如南山是靠近家乡的地方,东山是回家路上的阻碍。大家应该都有登山经历,知道不同高度看风景是大不相同的,苏轼说过"横看成岭侧成峰,远近高低各不同",大家一下子就理解了。我们说《诗经》是优美的,但有些优美也必须登高才能看到。陟山登高并不是一件轻松的事,但可以乐在其中,如《豳风》中的《东山》:

> 我徂东山,慆慆不归。我来自东,零雨其蒙。
> 我东曰归,我心西悲。制彼裳衣,勿士行枚。
> 蜎蜎者蠋,烝在桑野。敦彼独宿,亦在车下。

> 我徂东山,慆慆不归。我来自东,零雨其蒙。
> 果臝之实,亦施于宇。伊威在室,蟏蛸在户。
> 町畽鹿场,熠耀宵行。不可畏也,伊可怀也。

> 我徂东山,慆慆不归。我来自东,零雨其蒙。
> 鹳鸣于垤,妇叹于室。洒扫穹窒,我征聿至。
> 有敦瓜苦,烝在栗薪。自我不见,于今三年。

> 我徂东山,慆慆不归。我来自东,零雨其蒙。

仓庚于飞，熠耀其羽。之子于归，皇驳其马。
　　亲结其缡，九十其仪。其新孔嘉，其旧如之何？

　　诗中"徂"是去往的意思，这个字在中国某些地方的方言中仍在使用。这首诗四段中"我徂东山，慆慆不归。我来自东，零雨其濛"反复出现，但每一段都转换意象。在登东山的过程中，有行军中的短暂休整，有对亲人的怀念，有慷慨，有忧伤，在不同的地点有不同的感受。但何种感受在何处出现又不可预测，唯有歌唱可以兴、可以观、可以群、可以怨。读《诗经》也如登东山，只有体会过在登山中把草籽和思念放到手心里反复揉开的无意举动，才能理解古人为什么陟彼高山，为什么留下诗歌。高处是古人的葬心之处，是采薇采蕨的田园，甘棠花开花落的地方。下面这首诗是《召南》中的《草虫》：

　　喓喓草虫，趯趯阜螽。未见君子，忧心忡忡。亦既见止，
　　亦既觏止，我心则降。
　　陟彼南山，言采其蕨。未见君子，忧心惙惙。亦既见止，
　　亦既觏止，我心则说。
　　陟彼南山，言采其薇。未见君子，我心伤悲。亦既见止，
　　亦既觏止，我心则夷。

　　无论是东山还是南山，只有勤力登陟，才有可能见到君子，见到那些活在《诗经》中的男女先祖，并接受他们的祝福。

　　（4）周行。周行就是大道。古人很早就修大道，"奕奕梁山，维禹甸之，有倬其道"（《大雅·韩奕》），到周朝时已经四通八达了。有些路修得笔直，"周道如砥，其直如矢"（《小雅·大东》）；有些路顺势蜿蜒，"四牡骓骓，周道倭迟"（《小雅·四牡》）。我

们学习《诗经》，除了走别人没有走过的道路，也需要得到别人的帮助，在大道上接力。《小雅·鹿鸣》的第一段写道：

　　呦呦鹿鸣，食野之苹。我有嘉宾，鼓瑟吹笙。
　　吹笙鼓簧，承筐是将。人之好我，示我周行。

　　读《诗经》，我所说的"周行"是借助《诗经》研究者的成果，在《诗经》的"景区"中遨游。《诗经》流传三千年来，各种注释文本估计不止千种。看注释，我的建议是从最新的看起，因为今人注释，一般会参照古人的各种注释，所以最新的注释一般最全面、最综合。对古汉语有语言障碍但精通英语的读者，《诗经》有各种英译本可以参照看。有视觉障碍的读者，在互联网上有许多种《诗经》和注释的音频，可以选择自己喜欢的声音来听。把选择权交给自己，自由选择适合自己的版本。

　　以上我以《诗经》中的常见意象来指导读诗。需要提醒的是，《诗经》不只是采摘和远行，也直接教人如何学习和做事，如周成王的《周颂·敬之》：

　　敬之敬之，天维显思，命不易哉。
　　无曰高高在上，陟降厥士，日监在兹。

　　维予小子，不聪敬止。日就月将，学有缉熙于光明。
　　佛时仔肩，示我显德行。

　　这首诗可以看成周成王的读竹简学习笔记，上半首是老师的教诲："学习要谨慎啊要警戒自觉，上天的规律要记住啊。不要以为可以轻易改变天命，不要高高在上、骄傲自满，也不要忽升忽降、轻浮不定，时间在用刻度给你示警！"下半首是模范生周成王的应答："学生我会记住：在学习上保持警戒，每日每月都不荒废，积少成多以见大光明。请帮助我将光明德行显示给人民！"

此次的《诗经》"导游"暂到这里，祝大家"日就月将，学有缉熙于光明"！

【注】本文写作主要参考了手机"古诗文网"应用，阅读了在该应用中的《诗经》和《论语》全文以及《左传》的部分内容。

《平凡的世界》导读

《平凡的世界》是路遥创作的具有史诗品格的鸿篇巨制，共三部，一百多万字。第一部首发于1986年《花城》杂志，1988年全书完成并首次出版，1991年获中国第三届茅盾文学奖。该书以西北黄土高原一带的城乡为故事背景，以双水村农民孙少安、孙少平兄弟为主人公，反映了20世纪70年代中期到80年代中期十多年间的中国社会变革与人物命运，表达了作家对土地与父老乡亲的热爱，对传统伦理价值与劳动的赞美。行文既有动人的感情，又有深刻的哲思，既有理想主义的情怀，又有关注现实问题的敏锐。书中主人公孙少平虽然出身贫苦，但是"穷且益坚，不坠青云之志"，将苦难作为人生进阶，以读书与劳动保持人格尊严，自强不息，不断实现精神的自我超越，并始终以乐观主义精神与仁爱之心对待生命、社会与他人。其人格魅力曾经感动了无数出身草根的青年学子，被他们视为人生逆境奋力拼搏的励志榜样。这也是该书拥有良好的受众基础，不断再版发行，"不平凡"的原因之一。

《平凡的世界》，路遥著，人民文学出版社2004年

学者小传

韩元，女，博士，上海财经大学国际文化交流学院副教授，哈佛大学东亚语言与文明系访问学者。主持并完成国家社科基金项目一项，获上海市哲学社会科学成果奖论文类三等奖一项，在《文学评论》《学术月刊》《东岳论丛》《人民日报》《解放日报》《文汇报》等报刊发表论文数十篇。主讲"中国文化""百年经典电影与文化中国"等课程，曾获校课程思政案例设计优秀案例奖。

《平凡的世界》导读

韩 元

一、路遥简介及作品创作背景

路遥（1949—1992）原名王卫国，陕北清涧县人，富有理想才华，却一生贫病交加，42岁就因病去世。他小说中人物对贫穷刻骨铭心的感受恰是来自作家本人的人生体验。1982年他发表小说《人生》，后被改编成同名电影，主人公高加林的形象一时家喻户晓，反映了离开农村去城市奋斗的知识青年的追求与迷失。

在《人生》获得巨大成功后，路遥没有止步于眼前的成就，而是决定继续追寻少年时的梦想——在40岁之前写一部令自己感动的规模最大的书，这本书就是后来的《平凡的世界》。为了专心"追梦"，作家立下了誓言："你要像消失在沙漠里一样从文学界消失，重返人民大众之中，成为他们中间最普通的一员。要忘掉你写过《人生》，忘掉你得过奖，忘掉荣誉，忘掉鲜花和红地毯。"[①] 在后来写作《平凡的世界》过程中，作家果然如在沙漠里一样过着艰

[①] 路遥：《早晨从中午开始》，北京十月文艺出版社2012年，第11页。

苦、孤独的生活，用生命写作，用生命殉了文学之道。在《早晨从中午开始》这篇散文中，他回忆了当时准备材料与写作的全过程：阅读了近百部长篇小说及政治、哲学、经济、历史和宗教类著作，还有农业、商业、工业、科技等知识性小册子，包括养鱼、养蜂、施肥、税务、财务、气象、历法、造林、土壤改造、风俗、民俗、UFO（不明飞行物）等各科知识，查阅了1975年到1985年间的报纸，而且是逐日逐月逐年地查。这种超负荷的阅读量使他的眼睛发炎，手指被纸张磨得露出了毛细血管。为了深入生活、了解生活，他提着一个装满书籍资料的大箱子四处奔波，从乡村城镇、工矿企业到学校机关、集贸市场，接触的人群上至省委书记，下至普通老百姓。"奔波到精疲力竭时，回到某个招待所或宾馆休整几天，恢复了体力，再出去奔波。走出这辆车，又上另一辆车；这一天在农村的饲养室，另一天在渡口的茅草棚。"①

仅是准备材料和深入生活这个过程，路遥就用了三年。开始第一部写作时，他住到一个偏僻的煤矿，一方面是为了进一步了解生活，因为第三部将涉及煤矿背景，另一方面也是为了"苦其心志，劳其筋骨"，路遥在立志创作这部表现苦难、歌颂劳动的书时就已经抱定吃苦牺牲的精神，煤矿的艰苦生活正与他的心意一致。在这里他不仅晨昏颠倒、夙夜劳累地创作，在生活上也是简单而清贫。"早晨我不吃饭。中午一般只有馒头米汤咸菜。晚上有时吃点面条，有时和中午一模一样。"② 这样的生活方式，一是源于青少年时期贫困的记忆与习惯。二是因为矿区的物资贫乏，"深山之中，矿工家属有几万人，一

---

① 路遥：《早晨从中午开始》，北京十月文艺出版社2012年，第28页。
② 同上书，第49页。

遇秋雨冬雪，交通常常中断，据说有一年不得不给这里空投面粉。没有蔬菜，鸡蛋也没有，连点豆腐都难搞到"①。三是为了节约写作时间，"没有时间！连半个小时的时间都不敢耽搁。为了约束自己的意志，每天的任务都限制得很死，完不成就不上床休息。工作间实际上成了牢房，而且制定了严厉的'狱规'，决不可以违犯。"

每天中午吃完两个馒头一碗稀饭，就像丢下襁褓中的婴儿一样匆忙地赶回工作间。在准备当天工作的空当，用电热杯烧开水冲一杯咖啡，立刻就坐下工作。晚上吃完饭，要带两个馒头回来，等凌晨工作完毕上床前，再烧一杯咖啡，吃下去这说不来是夜宵还是早点的两个冷馒头"②。写作过程中的体力透支与饮食不规律严重摧毁了路遥的健康，在完成《平凡的世界》书稿不久，他就因身患重病于1992年去世。

二、《平凡的世界》的思想意义与文学价值

1. 作品以城乡两条叙述主线反映了中国改革开放关键十年的全景风貌与人物命运，具有宏阔的史诗品格与信史价值

小说开篇对叙述时空的交代就暗喻了冬去春来、时代交替的转折，以此展开人物命运，奠定全书的叙述基调，堪称经典文字，也是路遥苦思冥想否定了无数个方案之后豁然开朗想出来的："一九七五年二三月间，一个平平常常的日子，细蒙蒙的雨丝夹着一星半点的雪花，正纷纷淋淋地向大地飘洒着。时令已快到惊蛰，雪当然

---

① 路遥：《早晨从中午开始》，北京十月文艺出版社2012年，第49页。
② 同上书，第49~50页。

再不会存留，往往还没等落地，就已经消失得无踪无影了。黄土高原严寒而漫长的冬天看来就要过去，但那真正温暖的春天还远远地没有到来。"①

1975年，正是一个"乍暖还寒"的过渡时期，路遥在接下来的章节开头交待了这一时代背景："一九七五年，由于国家政治生活的不正常，社会许多方面都处在一种非常动荡和混乱的状态中。"② 在"左"倾路线的影响下，广大农村当时仍以阶级斗争为中心，经济发展停滞，农民极度贫困，小说开篇在黄原县读高中的孙少平寒碜的午餐与自卑的心理皆与此有关：他连最差的伙食，5分钱一份的丙菜清水煮萝卜都买不起，只能吃两个黑高粱面馍馍，为了不被同学取笑，他总是最后一个去吃午饭，偷偷地拿了自己的黑馍，刮取一点别人剩下的乙菜盆里的油水。这种饥饿体验与屈辱心理也正是路遥自身的人生经历。

小说第一部基本以双水村及原西县城为背景，反映当时的路线斗争、城乡差距与农村的贫困，以及在一片萧瑟之中孕育的政治变革的生机。虽然双水村有田福堂等保守势力阻碍着农村的变革，但是也有孙少安这样"穷则思变"的青年人敏锐地捕捉着时代的先机，谋求改变贫困命运的路径。第一部的结尾，正是粉碎"四人帮"后"拨乱反正"时期的开始，孙少安受当时安徽农村承包制的启发，打算在自己的生产队也实行承包责任制，这一举动不仅在守旧的双水村引起了惊涛骇浪，在公社和县里的领导层也引起了纷争，被主要领导视为农村的资本主义路线，只有革委会副主任田福

---

① 路遥：《平凡的世界》第一部，北京十月文艺出版社2012年，第3页。
② 同上书，第29页。

军坚定地支持孙少安。田福军是小说中寄托路遥政治理想的党的优秀干部代表，他正直善良、廉洁自律，是党的群众路线最坚定的执行者，其执政理念与举措都是为了这片土地的百姓，为了改善他们的生活，让他们过上有尊严的日子，所以他在之后孙少安创业与双水村改革中都起到了积极的支持与推动作用。

小说第一部反映的时代背景正是中国农村从人民公社的生产合作模式向家庭联产承包责任制过渡的时期。农村人民公社化运动自1958年开始在全国农村推行，以人民公社作为乡镇政权机构，下辖生产大队，设大队长、副大队长、民兵队长、治保主任和妇代会主任等职务，生产大队下面还有生产队。人民公社和生产大队设有党委或支部。小说主人公孙少安一家所处的正是石圪节公社双水村，大队书记田福堂和副书记金俊山是真正掌握村庄话语权的政治权威，孙少安本人则是大队下面生产一队的队长，18岁时凭着自己的能力与吃苦精神被社员推选为队长。生产队长不是村庄政治权威，却是农业经验丰富、在生产一线任劳任怨并且组织协调社员劳动及生产资料、劳动成果分配的核心人物，孙少安正是这样的一个实干家形象。

新中国成立以来的农业合作社及人民公社制度初衷是为了改变农民传统的以个人、家庭为单元的生产模式，将广大农民的力量团结组织起来，解放和发展生产力，扩大生产规模并更好地应对自然灾害，同时在文化上也有利于改造农民的自私性，形成集体主义观念，正如王铭铭所说："公社制度试图对传统的社区、家族认同加以取消，大队和生产小队的制度是为了使原来的家族和聚落改造为国家统一管理的生产和工作单位……村落以内的社会关系，也发生了一定改变，本来以年龄级序、家族内聚为原则的社交行为，在一定程度上转变为平等的生产者和公民关系。"① 但这种生产模式的本质是平均主义、"吃大锅饭","严重挫伤了已是合作社社员但小农思想依旧严重的农民的生产积极性"②。所以农村虽然劳动力过剩,但是生产力依然低下。此外,新中国成立以后直到21世纪80年代初期农民与土地的黏着性依然很强,缺少流动与迁移的自主权,城乡差距明显,"除了这种政治发动型的流动外,也还有其他极少数的人口流动渠道,如家庭团聚(与配偶或父母团聚)、城镇单位招工、考上大学或者参军等。然而,通过这些非常有限的途径来实现人口流动显得极为困难,对于绝大多数村民来说,这种极少的流动渠道距离他们非常遥远"③。在这样的时代背景下,我们就可以理解小说中孙少安一家虽然勤劳俭朴却依然过着贫困的日子,理解孙玉厚的无奈,理解孙少安的不甘,他与城里工作的田润叶注定没有结果的爱情,理解才华横溢的孙少平在高中毕业后除了回乡就是在城里做揽工汉的人生局限。

小说第二部、第三部主要反映改革开放以后的城乡变革,既有双水村热火朝天的承包责任制及世态人心的变化,还以双水村为圆点,辐射到原西县、黄原市以及省城。以孙家人为中心,串联起政界、商界、文学界、新闻界、工业界、高校等各界人物,有爱情、亲情,有官场争斗,有对农民劣根性的批判,也有对正面民族性格的颂扬;有乡土生活、农村经济改革的描摹,也有城市民生、矿业生活、工业改革的书写;既有普通人的日常烦恼,也有国内、国际

---

① 王铭铭:《村落视野中的文化与权力》,生活·读书·新知三联书店1997年,第57页。
② 熊凤水:《流变的乡土性》,社会科学文献出版社2016年,第61页。
③ 同上书,第66页。

大事，甚至还有自然科学领域的最新进展包括关于外星人问题的探讨。能够驾驭如此众多的人物、纷繁的线索、多领域多学科的题材，足见路遥写作的功力与付出的艰辛。如前所述，他广泛涉猎、深入生活，甚至透支生命去完成这部巨著，终于成就了《平凡的世界》的史诗品质与百科全书式的特色。

2. 作品全面展现了中国传统文化的优秀质素，体现了中华民族精神的当代意义与人类普适性，同时对文化的弊端与现实问题又有清醒的认识与善意的批评，既有提振人心的动力与激情，又有发人深省的哲思与理性。这种全面辩证的立场与思维方式，使小说有了鲜明的深度与厚度。

在小说中孙家人身上集中体现了中国传统伦理道德和民族性格的正面质素，包括勤劳俭朴、父慈子孝、关爱他人、自强不息、追求理想、有社会责任感等，也寄托了路遥的人生理想与价值取向。孙家的父亲孙玉厚、长子孙少安、次子孙少平、女儿兰香，尽管性格有具体差异，但共同之处就是勤劳与利他。孙家老人玉厚作为老一代农民，吃苦精神自不必说，年轻一代的少安自6岁就开始劳动，以劳动为荣，被人们夸奖将来会是个好"受苦人"，18岁时更是凭着"精明强悍和可怕的吃苦精神"被推选为队长。少平作为一个高中毕业的文化人，不愿留在双水村过安稳日子，而是出走黄原城追寻流动性的、不再黏着于土地的新人生，为了开拓新生活，他付出的是艰辛程度不亚于务农的劳动：在城里揽工。从小说中描写他形貌的变化上可以窥见这种艰苦："两个月的时光，他就好像换了一副模样。原来的嫩皮细肉变得又黑又粗糙；浓密的黑发像毡片一样散乱地贴在额头。由于活苦重，饭量骤然间增大，身体看起来明显地壮了许多。两只手被石头和铁棍磨得生硬；右手背有点伤，贴着一块又黑又脏的胶布。目光似乎失去了往日的光亮，像不起波浪的水潭一般沉静；上唇上的那一撇髭须似乎也更明显了。从那松散的腿胯可以看出，他已经成为地道的揽工汉了，和别的工匠混在一起，完全看不出差别。"①他后来到了煤矿从事的则是更加艰辛甚至随时有生命危险的挖煤劳动，但在这里他仍然一如既往地热爱劳动，因为劳动是普通人获得尊严的最有价值的方式，正是因为出色的劳动使少平在一群社会地位、经济条件比他优越的人中逆袭成为"权威"。

"只有劳动才可能使人在生活中强大。不论什么人，最终还是要崇尚那些能用双手创造生活的劳动者。对于这些人来说，孙少平给他们上了生平极为重要的一课——如何对待劳动，这是人生最基本的课题。

"简直叫人难以相信！半年前初到煤矿，他和这些人的差别是多么大。如今，生活毫不客气地置换了他们的位置。

"是的，孙少平用劳动'掠夺'了这些人的财富。他成了征服者。虽然这是和平而正当的征服，但这是一种比战争还要严酷的征服；被征服者丧失的不仅是财产，而且还有精神的被占领。要想求得解放，唯一的出路就在于舍身投入劳动。"②

勤劳不仅是典型的中华民族性格，也是民族传统美德、民族精神的重要内涵，为世界各族人民所认可，是民族文明创造、传承、发展创新的源泉与动力。在中华民族漫长的历史发展进程中，一代代劳动人民创造积累了灿烂辉煌的物质与精神文明并传承至今，奠定了民族发展的基础与文化自信的根本。《平凡的世界》对劳动的歌颂与热爱，对勤劳民族性格的表现，不仅是对民族精神、民族文

---

① 路遥：《平凡的世界》第二部，北京十月文艺出版社2012年，第537页。
② 路遥：《平凡的世界》第三部，北京十月文艺出版社2012年，第882页。

化传统的弘扬,更具有超越性的时代意义,契合当下民族伟大复兴进程中对劳动精神弘扬的时代主旋律。尤为可贵的是,主人公孙少平、孙少安等尽管身为草根,处在社会下层,承受着城乡及阶层的不平等待遇,却没有自怨自艾或投机取巧,而是脚踏实地,以坦然乐观的心态面对生活,以诚实劳动、有德性的行为获得他人尊重,进而实现人格的完善与精神的升华。这种有幸福感的劳动已经超越纯粹的苦力付出,摆脱了现实的人生局限,"澄明人的本质,实现人的自我确证,从而真正实现人对幸福的永恒追求"。① 由此我们可以理解,有知识有文化的孙少平甘于从事揽工与煤矿工作,是他在面对人生局限时做出的主动选择,是在不得已的情况下以积极劳动体现人的主体能动性,也与当下倡导的新时代劳动精神相契合,"弘扬新时代劳动精神,需要不断提高劳动者对自主劳动的认识,通过劳动真正释放人的内在潜能,激发巨大劳动活力,追求人对自我本质的全面占有,推动人的自我塑造、自我建构、自我成就向更高层次全面舒展绽放"②。

值得提及的是,路遥虽然肯定以孙家人为代表的劳动者,赞美他们勤劳的品格,但对于特定历史时期导致劳动者极度贫困的不合理制度还是有所批判的,比如热爱劳动的孙少安之所以冒险牵头搞承包制,就是基于对勤劳却贫穷的现状的质疑与不甘:"生活是如此无情,它使一个劳动者连起码的尊严都不能保持!

按说,他年轻力壮,一年四季在山里挣命劳动,从来也没有亏过土地,可到头来却常常是两手空空。他家现在尽管有三个好劳

---

① 赵浚、陈祉杉:《新时代劳动精神的价值意蕴》,《中国社会科学报》2021年1月19日。
② 同上。

力,但一家人仍然穷得叮当响。"①

在孙家人及田润叶等人物身上还集中体现了中华传统美德中的利他性。

首先,这种利他性的价值是维持家庭的和谐。孙家是典型的父慈子孝型家庭,充满伦理亲情。孙玉厚没有封建家长的专横,而是尊重孩子们的想法,生活的意义是为了孩子们,孙家的子女也对长辈充满孝心,处处考虑长辈的感受与境遇。不管在日常生活细节还是分家这样的大事上都能体现家人之间相濡以沫的血缘亲情。亲情是孙少安面对人生挫折时的港湾与后盾,使他在受到屈辱时能坚定地活下去,在创业失败时可以东山再起。另一个人物田润叶在家庭关系中也是典型的屈己利他,尽管她不爱自己的丈夫,但当他受伤失去自理能力后,责任感与仁爱精神使她留下来照顾他,最终在朝夕相处中产生感情。应该说,路遥在小说中建构的和谐家庭关系不仅是传统伦理价值的折射,也反映了他本人在孤独人生中对亲情的渴望。从社会意义上看,家庭是社会的原子单位,家和万事兴,家庭的和谐关系到社会的和谐与稳定,《平凡的世界》中利他性的家庭关系模式及重亲情、重德性的家风描写对解决当下很多社会问题有着积极的指导意义。

其次,利他性的价值还体现在帮扶贫弱,有利于维持村落社区的和谐。路遥虽然肯定承包制对于调动农民生产积极性有推动作用,但也清醒看到了承包制后农民私心被放大了,导致老弱无人养、村中公益事务受损等不良现象,小说中双水村也有这方面的问题,即使集体制时代的政治权威田福堂此时也只管个人发家致富而无心村庄公务。

---

① 路遥:《平凡的世界》第一部,北京十月文艺出版社 2012 年,第 398 页。

"谁来关心这些日子过不下去的人？村里的领导都忙着自己发家致富，谁再还有心思管这些事呢！按田福堂的解释，你穷或你富，这都符合政策！"① 此时，寄托路遥乡村治理理想的人物只有孙少安了，他基于同情心、村落责任心而决定帮扶村中的老弱贫困。"政策是政策，人情还是人情。作为同村邻舍，怎能自己锅里有肉，而心平气静地看着周围的人吞糠咽菜？""这种朴素的乡亲意识，使少安内心升腾起某种庄严的责任感来。"② 这种超越个人、小家利益而兼顾村落利益的利他性尽管仍然属于费孝通所说的乡土人情同心圆的范畴，却是平衡公私权益、维护社区和谐稳定的有效路径。

路遥的理性精神使他不仅看待问题具有全面辩证的视域，还具有超越时代的前瞻性。在以经济建设为中心、以解决农民温饱为主的时代，他在肯定农村经济体制改革、肯定农民对富裕生活追求的同时，敏锐地发现了农民财富素养问题，预见到贫富悬殊在未来社会的严峻性。"事实上，农村贫富两极正在迅速地拉开距离。这是无法避免的，因为政策允许一部分人先富起来。这也是中国未来长远面临的最大问题，政治家们将要为此而受到严峻的考验。这当然是后话了。"③ "需要指出的是，财富和人的素养未必同时增加。如果一个文化粗浅而素养不够的人掌握了大量的钱，某种程度上可是一件令人担心的事⋯⋯毫无疑问，我国人民现在面临的主要是如何增加财富的问题。我们应该让所有的人都变成令世人羡慕的大富翁。只是若干年后，我们许多人是否也将会面临一个如何支配自己财富的问题？当然，从一般意义上说，任何时候都存在着这个问

---

① 路遥：《平凡的世界》第三部，北京十月文艺出版社 2012 年，第 875 页。
② 同上。
③ 同上书，第 873 页。

题。人类史告诉我们，贫穷会引起一个社会的混乱、崩溃和革命，巨大的财富也会引起形式有别的相同的社会效应。""对我们来说，也许类似的话题谈论的有些为时过早了。不过，有时候我们不得不预先把金钱和财富上升到哲学、社会学和历史的高度来认识；正如我们用同样的高度来认识我们的贫穷与落后……"① 不仅小说主人公孙少安发家致富后心态一度虚荣或盲目过，即使在今天的社会现实中，作家当年所提醒的财富素养问题仍然存在。当然，作家在他那个时代也给出了一些解决思路，那就是孙少平的财富观："是啊，我们过去太穷了，我们需要钱，越多越好。可是我们又不能让钱把人拿住，否则我们仍然可能活得痛苦。我们既要活得富裕，又应该活得有意义。赚钱既是目的，也是充实我们生活的一种途径。如果这样看待金钱，就不会成为金钱的奴仆。归根结底，最值钱的是我们活得要有意义……不过，钱可不能乱扔！"② 最后，少安听从少平建议，不再乱投钱获取个人声名，而是用办砖厂赚的钱在村中重新修建了破败多年的小学，将金钱用于有意义的教育事业，在某种意义上践行了不为物役的全面自由发展的财富观。

利他性是路遥理想主义的内涵之一，正如评论家李建军所言，优秀作家的共同特点就是怀着美好的愿望和理想来改变生活，"内心充满强烈的社会责任意识，要用理想的生活图景来召唤读者，激励他们追求一种更高尚的生活。他们不会满足于仅仅写出自然和本能意义上的人，而是要写出人性的光辉，写出生活理想的样子……在路遥看来，理想主义显然包含着利他主义的高尚动机，而人们的

---

① 路遥：《平凡的世界》第三部，北京十月文艺出版社2012年，第1205页。
② 同上书，第1208页。

幸福，就决定于对待社会和他者的态度和行为。一个人真正的幸福，就来自这种高尚的利他主义，而一个真正优秀的作家的标志，就是看他有没有达到能为社会'牺牲和奉献'的境界。路遥就是一个崇高的奉献者和牺牲者。他以自己的人生和写作，践行了自己的主张，实现了自己的理想"①。

路遥的理想主义还通过小说中自强不息、精神世界充实丰富的孙少平体现出来。他与少安不同，虽然也有脚踏实地的一面，却有着后者不曾有的仰望星空的一面，和普通的农民在精神气质上有区别。他爱读书看报，爱神游物外，人生追求超越物质感官享受，超越乡土的黏着稳定，追求有意义、有价值、具流动性的生活。如果说，少安身上体现了儒家的责任担当与仁的精神，少平身上则多了些易经的变通性与道家的超然物外。强大的精神力量可以使他在面对现实局限时保持自尊与坦然的心态，不以物喜，不以己悲，不会怨天尤人，不会自暴自弃，反而会更加热爱人生，热爱生命。正如他在给妹妹的信中所说：

"我们出身于贫困的农民家庭——永远不要鄙薄我们的出身，它给我们带来的好处将一生受用不尽；但我们一定又要从我们出身的局限中解脱出来，从意识上彻底背叛农民的狭隘性，追求更高的生活意义。

"要知道，对于我们这样出身农民家庭的人来说，要做到这一点是多么不容易啊！

"首先要自强自立，勇敢地面对我们不熟悉的世界。不要怕苦

---

① 李建军：《文学是对人和生活的态度性反应——论路遥与托尔斯泰的文学关系》，《中国社会科学》2020年第8期。

难!如果能深刻理解苦难,苦难就会给人带来崇高感。亲爱的妹妹,我多么希望你的一生充满欢乐。可是,如果生活需要你忍受痛苦,你一定要咬紧牙关坚持下去。有位了不起的人说过:痛苦难道是白忍受的吗?它应该使我们伟大!"①

孙少平的精神世界不仅深深吸引了小说中的田晓霞,而且激励了无数平凡的小说读者,鼓舞他们在充满各种人生局限的社会中乐观、坚强又坦然地拼搏奋斗,这也是小说备受平民大众追捧与厚爱的原因之一。这个文学人物形象的社会价值不仅在于其励志性,还在于其自强自尊又尊重他人,在劳动与精神世界中探寻人生意义的价值追求对于当下和谐社会构建也具有积极意义。

3.《平凡的世界》的文学意义和现实价值还体现在其人民性上,即写普通人,表现平凡生活,从中挖掘爱与美,表达了作者对土地与家乡,对父老乡亲,对民族共同体中同胞的理解与宽容、深情与厚爱。

人民性是文艺作品最重要的属性,是其葆有生命活力、体现社会价值的重要因素。毛泽东同志的《在延安文艺座谈会上的讲话》中强调了文艺作品的人民性问题,指出文艺是为最广大的人民大众服务的,人民生活是"一切文学艺术的取之不尽、用之不竭的唯一源泉"②。习近平同志在2014年文艺工作座谈会上的讲话中也指出文艺要坚持以人民为中心的创作导向,文艺要反映人民生活、人民心声,为人民抒怀,为人民服务,作家要热爱人民,深入人民生活,与人民同呼吸共命运,"讴歌奋斗人生,刻画最美人物,坚定人们对美好生活的憧憬和信心"③。

---

① 路遥:《平凡的世界》第二部,北京十月文艺出版社2012年,第738页。
② 毛泽东:《毛泽东选集》第三卷,人民出版社1991年版,第860页。
③ 习近平:《在文艺工作座谈会上的讲话》,《人民日报》2015年10月15日。

路遥的《平凡的世界》是符合上述人民性准则的。第一，如同他崇拜的作家柳青一样，他的创作扎根土地、深入人民生活，这一点本文第一部分已经论及，此处不再赘述。

第二，《平凡的世界》一如它的标题，是写人民大众的，也就是占社会绝大多数的普通劳动人民。这也是路遥作品有着广泛的群众基础、受大众喜爱的原因之一。广大人民群众是社会的基石、民族发展的动力，文艺作品反映人民大众的生活也就揭示了社会发展的规律与民族进步的源泉。当代文艺创作一度在人民性上有所偏离，历史题材剧偏重表现帝王将相或后宫嫔妃，现实题材剧则扎堆聚焦霸道总裁与白领精英，这些人物都只能代表社会的少数阶层，与普通人相去甚远，不能代表人民大众。文艺作品偏重表现这些人物显然无助于反映广阔的社会生活，无助于反映真实的历史规律与现实人生，长此以往，这些不接地气的作品会如精神鸦片一样麻醉受众的认知，使其脱离现实，耽于幻想，进而价值观与人生观偏离正常的轨道。《平凡的世界》及路遥其他作品对于当下文艺作品拓展表现领域、关注现实民生有着积极的指导意义。

我们来欣赏下小说中对"平凡"内涵的两处摹写，从而加深理解小说的主题，一处是作者直接发表议论，对平凡人生及其背后的努力与挣扎予以肯定。

"在我们这个星球上，每天都要发生许多变化，有人倒霉了，有人走运了；有人在创造历史，历史也在成全或抛弃某些人。每一分钟都有新的生命欣喜地降生到这个世界，同时也把另一些人送进坟墓。这边万里无云，阳光灿烂；那边就可能风云骤起，地裂山崩。世界没有一天是平静的。

"可是对大多数人来说,生活的变化是缓慢的。今天和昨天似乎没有什么不同;明天也可能和今天一样。也许人一生仅仅有那么一两个辉煌的瞬间——甚至一生都可能在平淡无奇中度过……

"不过,细想起来,每个人的生活同样也是一个世界。即是最平凡的人,也得要为他那个世界的存在而战斗。从这个意义上说,在这些平凡的世界里,也没有一天是平静的。因此,大多数普通人不会像飘飘欲仙的老庄,时常把自己看作是一粒尘埃——尽管地球在浩渺的宇宙中也只不过是一粒尘埃罢了。幸亏人们没有都去信奉'庄子主义',否则这世界就会到处充斥着这些看破红尘而又自命不凡的家伙。

"普通人时刻都在为具体的生活而伤神费力——尽管在某些超凡脱俗的雅士看来,这些芸芸众生的努力是那么不值一提。"[1]

另一处是作者对主人公孙少安形象的定位,他不是所谓英雄,而是一个我们生活中常见的普通人,我们和他近距离、平视角,所以他的热爱劳动,他的利他精神才具有现实可复制性、可效仿性。

"是啊,他不是电影和戏剧里的那种英雄人物,越是困难,精神倒越高昂,说话的调门都提高了八度,并配有雄壮的音乐为其仗胆。他也不是我们通常观念中的那种'革命者',困难时期可以用'革命精神'来激励自己。他是双水村一个普通农民;到眼下还不是共产党员。到目前为止,他能够做到的,除

---

[1] 路遥:《平凡的世界》第二部,北京十月文艺出版社2012年,第658页。

将自己的穷日子有个改观外,就是想给村里更穷的人帮点忙——让他们起码把种庄稼的化肥买回来。说句公道话,就双水村而言,他这'境界'也够高了。我们能看见,别说村里的普通党员了,就是田福堂这样党的支部书记,在眼下又给双水村公众谋了什么利益?"①

路遥书写平凡,他自己也定位于平凡的一员,他反对任何自命不凡与高人一等,所以他的小说读来亲切平和。正如他在《早晨从中午开始》中对自己写作的定位:"由此,这劳动就是平凡的劳动,而不应该有什么了不起的感觉;由此,你写平凡的世界,你也就是这平凡的世界中的一员,而不是高人一等;由此,一九八八年五月二十五日就是一个平平常常的日子,而不是一个特殊的日子;由此,像往常的任何一天一样,开始你今天的工作吧!"②

第三,《平凡的世界》虽然也对民族性格中负面因素有所批评,比如农民的自私、官场的暗斗,但作者对小说中的所有人物都持理解与同情的态度,即使批评,也是善意的批评,更多的时候,小说是在肯定中华民族性格中的积极因素,比如利他主义、重德性、自强不息、热爱劳动等。所以小说中没有绝对大恶之人,即使小说前半段讽刺比较多的田福堂,作者对其心理进行了细致的刻画,让人理解了他"左倾"行为背后的心理动因,在后半段写了他适应时代变化有所改进的性格,尤其是他的勤劳、他对子女的爱与关切令人动容。从小说人物形象塑造立场上可以看出路遥对父老乡亲、对民族共同体同胞的爱与温情。这种理解与爱来自其深入人民、与人民

---

① 路遥:《平凡的世界》第三部,北京十月文艺出版社2012年,第1086页。
② 路遥:《早晨从中午开始》,北京十月文艺出版社2010年,第161页。

同呼吸共命运的人生经历,来自其为人民写作、为人民鼓与呼的使命感与责任感,正如路遥所说:"从感情上说,广大的'农村人'就是我们的兄弟姐妹,我们也就能出自真心理解他们的处境和痛苦,而不是优越而痛快地只顾指责甚至嘲弄丑化他们——就像某些发达国家对待不发达国家一样。"① "讴歌奋斗人生,刻画最美人物",这正是《平凡的世界》的人民性特色。

4.《平凡的世界》以现实主义为基本美学风格,又具有浪漫主义精神

路遥在构思这部小说的时候就确定了它现实主义的风格基调。在20世纪80年代中期,西方现代主义文学思潮涌入中国,经典的现实主义写作理念受到冷落,路遥却坚持以现实主义精神为指导来完成这部鸿篇巨制,既体现了他坚守初心的勇气,又体现了他对社会与历史进程清醒的认知与超前的判断。在《早晨从中午开始》中,他警告自己不能轻易地被一种文学风潮席卷而去,同时意识到,"这种冥顽而不识时务的态度,只能在中国当前的文学运动中陷入孤立境地"②。实际上,这部小说的第一部完成后果然受到冷落,先是被《当代》拒稿,后来又长期被评论家忽视,主要原因就是它的创作手法被认为是陈旧过时的现实主义,没有体现当时流行的各种新的思潮流派的影响。路遥明知小说会被评论家和文坛冷落却仍然坚守现实主义,是因为他的社会责任感,他意识到要反映1975年到1985年十年间中国城乡广泛的社会生活,唯现实主义不可。"这十年是中国社会的大转型期,其间充满了密集的重大历史

---

① 路遥:《早晨从中午开始》,北京十月文艺出版社2012年,第136页。
② 同上书,第91页。

性事件；而这些事件又环环相扣，互为因果，这部企图用某种程序的编年史方式结构的作品不可能回避它们。当然，我不会用政治家的眼光审视这些历史事件。我的基本想法是，要用历史和艺术的眼光观察在这种社会大背景（或者说条件）下人们的生存与生活状态。作品中将要表露的对某些特定历史背景下政治性事件的态度；看似作者的态度，其实基本应该是哪个历史条件下人物的态度；作者应该站在历史的高度上，真正体现巴尔扎克所说的'书记官'的职能。但是，作家对生活的态度绝对不可能'中立'，他必须做出哲学判断（即使不准确），并要充满激情地、真诚地向读者表明自己的人生观和人性。"① 反映特定社会背景下人们的生存与生活、人的命运与心理浮沉，这正是经典现实主义作品的特色，也是成就作品史诗特质的要素之一。这样的作品虽然当时没有紧跟所谓潮流，却获得了读者的好评，经受了历史的检验，在今天仍然具有时代意义和动人的魅力。

值得提及的是，《平凡的世界》的现实主义是开放的，如王一川所说：

"这部小说其实是一个由多重元素交融而成的复杂文本，其中至少掺和了现实主义、浪漫主义及现代主义元素。不妨说，它同时交融着现实主义、浪漫主义和现代主义三重美学元素。"② 其中体现浪漫主义想象的一个典型情节就是在田晓霞死后，孙少平做梦与外星人对话，这段对话既有科幻色彩，又体现了路遥对生命、宇宙的哲理思索，与小说中其他关于天地自然的书写一样，带有一定的

---

① 路遥：《早晨从中午开始》，北京十月文艺出版社2010年，第94页。
② 王一川：《中国晚熟现实主义的三元交融及其意义——读路遥的〈平凡的世界〉》，《文艺争鸣》2010年第12期。

神秘主义色彩,正如王兆胜所说:"不可知的神秘感,不仅为路遥小说的现实主义审美品格注入一种新元素,也有助于超越以现实主义为路遥小说简单命名的局限,还可看到路遥小说有别于现实主义的另一番更为博大的新天地。"①

参 考 文 献

1. 王铭铭:《村落视野中的文化与权力:闽台三村五论》,生活·读书·新知三联书店 1997 年。
2. 熊凤水:《流变的乡土性》,社会科学文献出版社 2016 年。
3. 李建军:《文学是对人和生活的态度性反应——论路遥与托尔斯泰的文学关系》,《中国社会科学》2020 年第 8 期。
4. 毛泽东:《毛泽东选集》第三卷,人民出版社 1991 年。

---

① 王兆胜:《路遥小说的超越性境界及其文学史意义》,《文学评论》2018 年第 3 期。

《文明的冲突与世界秩序的重建》导读一

本书作者塞缪尔·亨廷顿，国际政治研究领域著名学者，曾任美国哈佛国际和地区问题研究所长，多次访华。1993年夏，他在美国《外交》杂志上发表了题为《文明冲突?》的文章，引起国际学术界普遍关注和争论。

作者认为，冷战后，世界格局的决定因素表现为七大文明或八大文明，即中华文明、日本文明、印度文明、伊斯兰文明、西方文明、东正教文明、拉美文明，还有可能存在非洲文明。冷战后的世界，冲突的基本根源不再是意识形态，而是文化方面的差异，主宰全球的将是"文明的冲突"。

本书所持观点公允与否，在学术界大有争论。但书中对现今世界各种文明的深入研究和剖析对读者会有重要参考价值。

《文明的冲突与世界秩序的重建》，[美]塞缪尔·亨廷顿著，周琪等译，新华出版社2010年

学者小传

邢婷婷，上海财经大学经济社会学系讲师，复旦大学社会学博士。长期致力于当代中国人精神生活的解释和研究，近来的主要研究领域为经济人类学、宗教社会学、青年亚文化。

邢婷婷老师主持国家社科一般项目、上海市决策咨询课题各一项；多次参与国家社科、教育部、上海市等各类纵向研究课题。主持和承担多项横向课题，跟踪研究了上海青年价值观和精神生活的现状与变迁。

近五年来，邢婷婷老师在重要报刊、核心期刊、论文集等各类学术公开出版物上发表学术论文十余篇，即将出版第一部学术专著，在国内社会学青年学者中具有一定的知名度和影响力。

在新的历史条件下,重读亨廷顿《文明的冲突与世界秩序的重建》

邢婷婷

亨廷顿《文明的冲突与世界秩序的重建》发表于1993年,作者以敏锐的眼光观察到了冷战结束后世界政治从意识形态冲突到文明冲突转变的显著特征,引起了国际学术界的广泛关注和热烈讨论。时隔近30年,世界政治经济已经发生了重大变化,也出现了一些新的文明冲突特征。在当前,重读亨廷顿,重新审视他对文明冲突的分析框架对我们是否仍然具有启迪意义?它的局限性又在哪里?这些是值得我们思考的问题。面对复杂的世界局势,重新回顾和分析这一框架,有助于从世界的维度、历史的视角深入思考中国面对的挑战和世界的未来。

本文主要从三个方面对这本书进行介绍和导读。首先,介绍这本书的写作背景和主要内容;其次,谈一谈它的主要贡献;最后,这本写于1993年的书至今已经过去27年了,世界的秩序形势发生了非常大的变化,我们通过现实的变迁反思亨廷顿的贡献和局限在哪里以及这本书能够为我们理解今天现实世界提供什么样的思考。

一、亨廷顿生平与写书背景

《文明的冲突与世界秩序的重建》英文原版 1993 年首次出版，2001 年美国发生 911 事件后这本书被翻译成 22 种语言。这本书从诞生以来就一直备受关注，让人常看常新，仅仅在中文世界就先后推出了三个译本，备受关注。

亨廷顿出生于 1927 年，2008 年去世。他出生在一个纽约的中产阶级家庭，外公经营一份报纸，主要报道关于美国政要的负面新闻以及一些国际时事的变化，这给幼年时期的亨廷顿造成了非常大的影响。他早年就读于耶鲁大学，然后在芝加哥大学获得了硕士学位，最后在哈佛大学又获得了博士学位，并最终在哈佛大学任教，出任哈佛大学政府学讲座教授、国际事务中心主任、政府学系主任。在 1977 年到 1978 年，他同时是美国国家安全委员会安全计划小组的负责人。在 1987 年，他成为美国政治学会的主席，是美国当代非常重要的政治学家。他还真正参与了美国对外政策的制定上，影响力同时存在于美国的政界和学界。

《文明的冲突与世界秩序的重建》的写作计划从 20 世纪 80 年代就开始了，直到 1993 年才正式出版。1945 年第二次世界大战结束之后，世界就进入冷战的状态，冷战双方分别是美国及其盟国所形成的资本主义国家联盟和苏联及其盟国所形成的社会主义联盟。这两个集团的对峙是全方位的，首先在政治上、意识形态上有很大的不同；其次是在经济上，美国及其同盟国都推行资本主义政策，而苏联、东欧，包括当时的中国、古巴、朝鲜等国都推行以计划经济为主的政策；除了政治和经济之外，在军事上这两个集团也是完全对抗的，最终形成了大西洋公约组织（简称北约）和华沙条约组织（简称华约）。今天的世界局势与当时虽然已有巨大的变化，但是在20世纪40年代中期到80年代末这个时间段里，这种思想在世界格局中是占据主导地位的。

该书写作的宏观世界背景是基于对冷战时期全球政治的理解。在20世纪90年代末期，东欧剧变、华约解体，长达40多年的冷战结束了，政治形态和意识形态的两极对立也逐渐消失。因此该书的写作目的之一就要寻求关于世界政治的新的思维框架。作为一个冷静的政治学家，亨廷顿认为未来并不止有一种意识形态，要想推进世界向新的格局发展，就需要建立新的思维框架，于是他提出了文明的冲突。

二、文明冲突新模式

文明的冲突有哪几种模式呢？他强调了文化在塑造全球政治新格局中的作用，人们不再根据资本主义或社会主义来确立自己的认同，而是根据文化来重新确定自己的认同。在当时很多学者和西方政客的眼里，以美国为首的资本主义国家是先进的发展方向，是世界未来的发展方向，亨廷顿则认为世界上不会出现某种单一的普世文化，世界上将会有多种不同的文化和文明相互并存。

他提出了两个概念：一个是文化，一个是文明。什么是文化？这是政治学或者说社会科学意义上的概念，既是物质层面的，也是精神和观念层面的，它是指通过社会的传播在一定的人群和地域范围之内所形成的行为模式、价值观念、物质财富。行为模式、价值观念、物质财富三者缺一不可，共同构成了文化。什么是文明呢？文明是文化不停地延续积累所形成的制度安排，或者说一系列物质和精神的沉淀就是文明。亨廷顿关于文明的冲突与世界秩序重建这种观念的很重要的基础就是文化和文明，跳出了政治和经济二元对立的窠臼。

三、六大世界文明

在《文明的冲突与世界秩序的重建》一书中，世界文明被分为六种，主要是中华文明、印度文明、东正教文明、伊斯兰文明、西方文明、拉丁美洲和非洲文明；有时也会说七种，就是增加了一个日本文明。前六个文明是相对稳定的，中华文明指的就是中国文明，印度文明的指向也很清楚，东正教文明指的是俄罗斯文明，伊斯兰文明的范围非常广阔，而西方文明指的就是和东正教分开的大基督教所形成的文明。最早在君士坦丁堡时，东正教和基督教是一体的，后来它们分裂，然后基督教又分裂成天主教和新教。西方文明主要指的就是天主教和新教所形成的一个文明。亨廷顿把拉丁美洲文明和非洲文明放在一起，在谈到这两个文明时，一定程度上包含着价值判断。西方学界有一个流行的观点，认为南半球没有高级文明，亨廷顿将其阐述为没有发展出一个成熟的制度，政治制度和经济制度并没有发展出现代的科技，而且没有形成一个强力的国家。如果说那里没有文明，也并不准确。现在巴西正在崛起，成为南美洲的大国。当然大家也会说南半球有澳大利亚，难道不算高级文明吗？澳大利亚虽然在地理上属于南半球，但是在谈到文明时，是归到西方文明里的。在亨廷顿看来，这六种文明同时存在于这个世界，并且处于不断的互动中。拉丁美洲和非洲没有发展出高级文明，也没有发展出先进的政治制度、现代的经济科技体系，那它就不重要吗？并非如此！它同样是1993年时间点上世界政治经济格局中非常重要的一环。每一种文明类型中的核心国家，对文明的崛起和世界格局的演变都至关重要。在六大文明中，拉丁美洲和非洲处于离散状态，整个非洲大陆如此庞大，它却没有形成一个统一的、核心的，或者说是可以领头的国家。说到南非，大家可能会觉得南非经济很发达，但是南非的种族隔离制度什么时候才废除的呢？南非经济的发达程度适合它的政治制度，它和西方国家的关系是非常密切的。或许有人会觉得埃及也不错，是北非的大国，但是埃及更多的属于伊斯兰文明，伊斯兰教直到今日在埃及仍然具有非常重要的作用。

讲到拉丁美洲，墨西哥、阿根廷、智利、巴西这些国家似乎都不小，而且都属于拉丁美洲文化，但是它缺乏一个成熟稳定的内核。例如巴西，我们会有种误解，认为它的首都就是里约热内卢，但事实上它的首都在巴西利亚。因为巴西的内部差异非常大，把巴西利亚作为它的政治中心，就是为了将离散的巴西团结起来。与此同时，在南亚、北非都有伊斯兰教国家，它没有一个核心的国家但面积很广。中华文明、东正教文明和印度文明各有一个核心国家，当然分别就是中国、俄罗斯和印度。同时亨廷顿认为西方文明有两个国家，一个是美国，一个是欧陆——法国和德国为核心，而英国作为另一个权力中心游离于他们之间。这个观点后来受到很大的挑战，因为他是美国人，他把自己的国家和英国拆分了。后来有很多包括政治学家、国际关系学家在内的学者，认为英国、美国是一体的，他们尤其强调在经济制度上他们是自由资本主义；在他们看来，西方文明确有两个核心，但这两个核心一个是英美，一个是欧洲大陆。综上所述，亨廷顿认为这些文明同时存在，而且是处于不断的变革和互动中的。

在这六大文明当中，有没有哪几个亨廷顿认为是比较重要的，或者说他认为是比较次要的？正是基于这样的问题，他认为在未来（1993年或者说20世纪90年代初期以后的未来），世界的主轴有三个——西方文明、中华文明和伊斯兰文明。后来世界发展的事实证明，这是亨廷顿判断中的一个失误。在20世纪80年代末90年代初，他认为西方文明、伊斯兰文明和中华文明之间的冲突是世界上最主要的文明冲突。这是从他的书里摘录下来的一段话：

> 伊斯兰复兴运动和亚洲经济的发展势头表明，其他文明是生机勃勃的。这里的其他是相对西方文明而言的。相对西方文明而言，其他文明是生机勃勃的，并且至少潜在地对西方构成了威胁。一场涉及西方和其他文明核心国家的大战，不是不可避免的，但是依然有可能发生。

这段话说得颇具玩味，他认为可能会发生，可能可以避免。而这里亚洲经济发展的势头主要指的就是中国。亨廷顿的厉害之处就在于，当时他看到了亚洲四小龙，看到了韩国，看到了中国台湾，看到了新加坡，它们的经济观念和西方是完全不同的。就在当时亚洲四小龙腾飞的时候，有西方学者提出，原来儒家文明也是可以产生资本主义的。中国从1978年改革开放到1993年才十多年时间，他便能够据此做出一个判断，认为中国以后会主导亚洲经济，而且它的体量那么大、纵深那么强，发展起来可能不只是亚洲四小龙那个样子，所以他认为亚洲经济生机勃勃、前途不可估量。但是亚洲经济前途不可估量就对美国或者说对西方文明形成了威胁。他作为一个美国的学者，同样认为这是对西方构成威胁的。所以这一段话就是他在 1993 年对未来世界秩序的一个判断。

他的主要观点是：政治和经济意识形态的对立已经结束，未来是文明的冲突。文明主要有六大文明，在这六大文明当中有三大文明是未来世界秩序的主轴，而这三大文明的互动，伊斯兰运动的复兴和亚洲经济的崛起会给西方文明的霸主地位造成挑战。

四、当今世界发展新趋势与新的文明冲突

我们回顾一下 1993 年之后发生了什么？2001 年发生 911 事件。911 事件就是伊斯兰世界和西方文明一个很直接的冲突。到了 2008 年，发生了从美国房地产市场开始席卷全球的金融危机。与此同时，中国加入世界贸易组织，这是一件非常重要的事情，从关贸总协定到世界贸易组织，我们总共谈判了十多年才真正加入。整个世界都在变化，欧洲也在悄悄发生变化。如果我们把这一切变化从具体的事件当中抽离出来，宏观分析整体的大趋势，就会发现这 30 年发生的趋势就是三个：全球化、新自由主义和金融化。新自由主义就是充分释放全球市场的力量。金融化使得我们从工业社会进入了一个后工业社会。后工业社会有一个非常突出的特征就是金融的崛起。金融不再是一个配置资金的手段，而成为经济的主角。全球化、金融化和新自由主义三者形成了一股合力。

首先从积极的方面来讲，它结束了冷战时期资本主义国家经济发展滞胀的状态，使得资本、资源、人力、劳动力、物质财富等可以在全球范围内自由流动。但这种自由是所有人都受益的吗？确实有一段时间这种自由发展非常蓬勃，但是到后面就开始出现滚雪球

效应。权力和资本的掌控者可以在全球市场配置资源，越来越自由。但是不掌握权力者可能就被甩到世界政治经济格局的尾巴上。有一些小国就成为倾销产品的市场，或者成为原材料的来源地、加工厂。这并不是这些国家自己的选择，而是因为它们在整个世界市场中溢价能力比较低，只能被强势的国家安排。不仅国家，个人也是这样。例如，美国出现了锈带。锈带曾经是美国非常重要的汽车工业生产基地，但是资本家为了追逐更高的利润和更廉价的劳动力，把设计和营销放在国内，把工厂移到劳动力成本更低的地方去，这样就造成了本国人民的失业。而这也是新自由主义造成的后果之一。所以三大趋势改写了这本书面世之后的世界历史趋势，塑造出一个完全不同于冷战刚刚结束时期的那个世界。时隔30年，亨廷顿关于文明冲突的分析框架仍然具有范式的意义，即在这30年的变迁中，他所指出的六种不同的文明都面临着内部变化和外部力量的此消彼长，新的变化已经超越他所展示的文明冲突的格局。可以说这三种趋势仿佛融合成一辆车持续往前开，创造出了一条和亨廷顿所预想的完全不同的道路，但是亨廷顿的框架在今天看来仍然是有意义的。

在这几十年内，出现了俄罗斯新欧亚主义的兴起。亨廷顿始终认为俄罗斯是一个无所适从的国家，认为东正教文明在未来的世界新秩序中不会有特别大的价值和作用，这种文明就是一个巨大的追随者，只能跟随着世界秩序往前走。但是实际上并非如此。在俄罗斯近几年的建设中，不管存在多少问题，有一点是很明确的，就是普京在不同场合都反复强调：第一，俄罗斯是一个欧洲国家。第二，俄罗斯在亚洲的土地大于任何一个亚洲国家，所以他提出新欧亚主义。当然这也是俄罗斯学界、政界从整体上提出的。它以俄罗斯为中心，连接了西欧的中心柏林，又深入西亚的腹地德黑兰，最后到东京。众所周知，这一块地区，不仅战略位置非常重要，而且资源如石油等都非常丰富。俄罗斯近年来的发展存在各种各样的问题，但是新欧亚主义确实让它摆脱了亨廷顿所预言的俄罗斯是一个无所适从的大国的形象，而是作为金砖国家的成员国之一把非西方文化中的主要国家凝聚在一起。这是亨廷顿写书的时候完全没有预料到的。

再说说伊斯兰教的发展和变化。可以套用一个俗语，就是亨廷顿猜到了故事的开头，却没有猜到结尾，或者说没有猜到未来。亨廷顿写书的时候把几种文明主要按照宗教来区分，其实基督教文明和伊斯兰教文明都是一神教文明，都是从同一个发源地出来的，共同的圣城都是耶路撒冷。亨廷顿确实预测到伊斯兰文明是未来西方社会发展非常重要的一个影响因素，但是他没有预测到伊斯兰教宗教激进主义与冷战时期相比有所崛起，这是非常重要的一方面。还有一点就是伊斯兰世界整体的经济水平也有了非常大的提高，它们和伊斯兰世界以外的国家的贸易和交流始终处于一种上涨的趋势。亨廷顿的预言是伊斯兰国家群龙无首，预料到了伊斯兰教不同教派之间出现的变化，以及原教旨主义者可能做出更为极端的事情，如911事件。但是其他教派在经济上、贸易上做出的探索，做出的积极贡献，亨廷顿并没有猜到。

至于西方文明的新趋势，经过这些年我们可能都会看到，西方文明不是铁板一块，而是出现了很多新的矛盾和问题。尤其是在2008年经济危机之后，欧洲出现移民浪潮，欧洲国家的经济发展速度减缓，欧洲国家内部不再像冷战时期那样团结，而是出现了裂痕，尤其是美国和欧陆的关系出现了新的形势。这些都是不断发展变化的。

当然与此同时,世界格局变化最重要的一点就是中国的崛起。1993年亨廷顿这本书出版的时候中共十四大会议刚刚开完,会议明确把建设社会主义市场经济体制写进宪法。今天我国已经是全球第二大经济体,这就是亨廷顿所讲的亚洲经济的崛起。

今天谈论这些问题特别有趣,因为世界正面临巨变和挑战。在西方很多政治学家、经济学家看来,世界发展就是一个钟摆,在两极之间不停摆动。近年来出现了法国黄马甲运动、新冠肺炎疫情、美国大选闹剧,于是大家都在想,是不是新的钟摆出现了?包括近年来一些国家单边主义、孤立主义、保护主义的沉渣泛起,经济全球化遭遇逆风和回头浪。西方学界纷纷议论,认为国家主义又要崛起了。2020年初《经济学人》的特刊封面上写了一个"globalization",但是又把它划掉了,并把地球做成一个正在被削去皮的水果,意思就是去全球化,这表明在西方学界有学者抛出全球化已经终结的论调,逆全球化的思潮泛起。这个时候世界面临着巨变和挑战,例如,在美国总统大选时,竞选人打中国牌就意味着美国并不想和中国保持友好关系,这就是逆全球化思潮的泛起。

有一点我们必须明确:全球化既然已经发生了,就再也不可能回到过去。如何理性地认识和把握经济全球化发展的大逻辑、大趋势,既是重大的理论命题,也是现今巨大的现实问题,事关世界格局、人类命运和国家的前途。所以这个世界正在面临的巨变和挑战与亨廷顿提出的文明的冲突,已经有了很大的不同。

五、重建世界秩序对于中华文明发展的启示

这一场新的世界秩序重建的或者重塑的过程对于中华文明的价值和意义是什么呢？这并不是亨廷顿在书中所提出的，而是中国的政治学者提出来的。首先，中华文明没有强烈的超越价值。什么是超越价值？超越价值就是彼岸。基督教就有超越价值，它有末日审判，伊斯兰教也有超越价值，但是中国没有这样一种超越世俗的价值，我们没有一神教这样一种具有唯一性和排他性的信仰。首先，我们的中华文化有一个很大的特点，它是真正地开放和包容，它没有一个从理论上或者从学理上的非此即彼的判断。其次，中华文明具备内在超越性。什么叫内在超越性？我们不追求彼岸世界，但是我们追求修身、齐家，这个是基础，然后才是治国平天下。修身是一切之本，这就是具备内在超越性。这就是我们的中华文明，它拥有一种与西方文明完全不同，完全没有排他性的价值。

亨廷顿的贡献就在于：我们的地球、我们的世界是一个多元文明的存在，没有一种文明是唯一的，也没有一种文明是可以做霸主的，只有不同文明相互协作才能有和平和发展，而和平和发展是人类永恒的主题。我国在十九届五中全会之后有一篇社论用了这样一个标题：《中国要适应从客场到主场发展的全新的格局》。我们作为这样一种民族，也要有这样一种责任感，能够承担从客场到主场发展的历史使命。中华文明或者说以中华文明为基础所成长起来的一个现代国家，必然会在未来的世界政治经济格局中发挥更加重要的作用，扮演更加重要的角色。

《文明的冲突与世界秩序的重建》导读二

1993年，美国政治学家、思想家亨廷顿在《外交》季刊上发表《文明冲突论》一文，在全球知识界和政界引发热议。三年后，在《文明的冲突与世界秩序的重建》一书中，亨廷顿系统地提出了"文明冲突论"，引起广泛争论。他认为，冷战结束后世界格局表现为七大文明或八大文明（中华文明、日本文明、印度文明、伊斯兰文明、西方文明、东正教文明、拉美文明，以及可能存在的非洲文明）。他预言，冷战后的国际冲突将主要在各大文明之间展开，不但持久而且难以调和。很不幸，2001年在纽约发生的911事件以及其后的诸多恐怖袭击事件残酷地证实了亨廷顿的预言。2018年至今紧张的中美贸易摩擦也难以让人不反思"文明冲突论"中的观点。到底什么是文明的冲突？文明国家之间为何会起冲突？怎样可以阻止冲突发生？冲突后的世界秩序又会怎样改变？相信读过此书后，对大家（重新）认识世界、认识文明、认识大国关系都大有裨益。

学者小传

辛格，上海财经大学公共经济与管理学院讲师，香港大学政治与公共行政学博士。主要研究领域为国际政治经济学、国家与社会关系、政商关系。主要开设"政治学""国际政治与经济""中国政治与行政制度""社会科学研究方法"等课程。

从文明的冲突到命运共同体

辛 格

1993年,美国哈佛大学教授塞缪尔·亨廷顿(Samuel P. Huntington)在《外交》(Foreign Affairs)期刊发表了《文明冲突论》(The Clash of Civilizations)一文,提出"文明之间的冲突是否主导未来世界的政治",引发全球学界和政界的广泛争论,成为后冷战时代的最热门话题之一。紧随其后的一期《外交》上发表了七篇驳斥其观点的文章,而亨廷顿在之后一期又发文《如果不是文明,那又是什么?——冷战后世界的范式》,进行逐一反驳。三年后的1996年,他在原观点的基础上进一步探讨各种争议,拓展为一本系统性的专著,取名为《文明的冲突与世界秩序的重建》(The Clash of Civilizations and the Remaking of World Order)。导读的这一版是2010年由周琪等翻译,新华出版社出版的修订版。

自1648年《威斯特伐利亚合约》签订以来,民族国家(Nation-state)一直是国际关系的行为和研究主体,民族国家的利益也是国际政治变化的根本原因。在冷战(1947—1991)期间,人们对世界政治的理解在很大程度上根据政治意识形态和经济意识形态来界定。随着冷战结束,意识形态不再重要,各国开始发展新的对抗与协调模式，为此人们需要一个新的框架来理解世界政治。亨廷顿提出的"文明冲突论"正是在这方面取得了突破：强调集合的文明而非国家在塑造国际政治中的重要作用。他在书中大胆推测：伊斯兰世界与西方国家的冲突加剧；印度在南亚影响力扩张并制衡中国；东欧、苏联出现认同转型难题或文明断层的冲突；中国崛起，中美之间形成根本而全面的挑战；全球移民浪潮导致欧洲伊斯兰化与美国拉美化，西方国家民粹兴起并反蚀西方民主政治等。

21世纪以来，国际局势波谲云诡、纷争四起。比对国际政治的实际进展与亨廷顿25年前的预测，虽未必完全言中，但命中率不低。大国之间、族群之间的争斗背后，参与者、插手者、幕后者乃至旁观者都在盘算自己的利益，这背后又有怎样的文明底色？读罢此书，再观世事纷争，我们不禁会问：是文明的冲突吗？在系统介绍本书之前，我们先从作者入手，从作者所处的时代环境入手来了解其创作背景。

一、塞缪尔·亨廷顿其人

塞缪尔·亨廷顿（1927—2008）是美国政治学家、思想家。他1927年生于纽约市的一个中产阶级家庭，16岁时考入耶鲁大学，18岁时以优异成绩毕业并加入美国陆军。之后他在芝加哥大学获得硕士学位，在哈佛大学获得博士学位。1950年，亨廷顿23岁时即成为哈佛大学政府系（Department of Government）的一名教员，此后50余年在哈佛大学任教，历任美国文理科学院院士、哈佛大学艾伯特·韦瑟海德三世讲席教授、哈佛大学国际事务研究中心主任、约翰·奥林战略研究所主任等职。在吉米·卡特担任总统期间，亨廷顿是美国国家安全委员会白宫安全规划协调员（The White House Coordinator of Security Planning for the National Security Council）。

在亨廷顿教授的 17 本著作中，有 5 本产生了巨大的学术影响力和社会影响力。《士兵与国家：军民关系的理论与政治》（*The Soldier and the State: The Theory and Politics of Civil-Military Relations*）在 1957 年甫一出版便一石激起千层浪，至今仍被认为是最有影响力的关于美国军政关系的著作。1968 年出版的《变化社会中的政治秩序》（*Political Order in Changing Societies*）从宏观上论述了第三世界国家在走向现代化的道路上遇到的种种问题，提出了第三世界国家走向现代化的"强政府理论"。《第三波：20 世纪后期民主化浪潮》（1991）（*The Third Wave: Democratization in the Late Twentieth Century*）是亨廷顿被引用最多的著作，指出从 1974 年葡萄牙康乃馨革命开始，全球就出现了第三波民主化潮流，并分析了欧洲 60 多个国家、拉丁美洲、亚洲和非洲民主化趋势。第四本则是本文要介绍的《文明的冲突与世界秩序的重建》。亨廷顿在 77 岁高龄时出版了他的最后一本著作《我们是谁：对美国国家认同的挑战》（*Who Are We? The Challenges to America's National Identity*）。该书将"文明的冲突"的视角由国际转向美国国内，讨论了美国的国家认同问题，以及大规模拉丁裔移民对美国可能构成的文化威胁。亨廷顿做出预警："（拉丁裔移民）会将美国割裂为两种人、两种文化、两种语言。"

亨廷顿的影响不仅跨越了半个多世纪，而且跨越了国家、民族、文化、宗教、社会的界线。正如北京大学国际关系学院王缉思教授所评述的，"对于亨廷顿的理论和观点，永远会有不同解读和不同评价。但有一点是肯定的,那就是渊博的学识和简洁的文风造就了这位勤于思考的学者,让他照射出超越时空的思想光芒"。

二、《文明的冲突与世界秩序的重建》主要内容

作者将全书划分为五部分。第一部分题为"一个多文明的世界",分为三章:"世界政治的新时代""历史上的文明和今天的文明"和"普世文明?现代化与西方化"。亨廷顿认为,冷战后的全球政治"第一次成为多极的和多文明的"(第5页),主要包括中华文明、日本文明、印度文明、伊斯兰文明、东正教文明、西方文明、拉丁美洲文明和可能存在的非洲文明。国际关系的主要行为者从一般的民族国家(Nation-state)变为文明中的核心国家。文明是一个人的最高文化归属,是文化认同的最高层面。现代化不会促成任何意义上的普世文明,也不会导致非西方社会的西方化。相反,现代化会加强文化,削弱西方的相对力量。

第二部分题为"变动中的各文明力量对比",分为两章"西方的衰落:力量、文化和本土化"和"经济、人口和挑战者"。作者首先直言,西方是一个正在衰落的文明,这是一个缓慢、非直线的过程,具体表现为领土、人口数量与质量、经济产值、军事能力的变化。与此同时,东亚文明——中华文明、日本文明、佛教文明和伊斯兰文明,不仅都强调他们的文化优越于西方文化,而且影响力正逐渐加强。亚洲的自信根植于多年经济的增长,如亨廷顿所说,经济的发展为亚洲国家政府"提供了动力和资源,使其在同其他国家打交道时更苛求"(第83页)。而穆斯林人口的激增,大量受过中等教育的青年人为宗教激进主义、暴动和移民提供了生力军,打

破了伊斯兰国家与邻国的平衡。非西方文明正重新肯定自己的文化价值，作者判断，"在21世纪初期可能会发生非西方力量和文明的持续复兴，以及非西方文明的各民族与西方之间以及它们相互之间的冲突"（第101页）。

第三部分题为"正在形成的文明秩序"，分为两章"全球政治的文化重构"和"核心国家、同心圆和文明秩序"。作者开篇即讲到全球政治的文化重构：过去以意识形态和超级大国关系确定的结盟让位于以文化和文明确定的联盟，结果是"文明间的断层线成为全球政治冲突的中心界线"（第105页）。文明的集团正在形成，包括核心国、成员国、毗邻国中文化相似的少数民族人口等。追随文化相似的国家，抵制没有文化共性的国家——如此，一个以文明为基础的新世界秩序就形成了。在文明的同心圆中，核心国的存在至关重要，因为它"是文明内部秩序的源泉，而核心国家之间的谈判则是文明之间秩序的源泉"（第136页）。

第四部分是全书的核心，题为"文明的冲突"，分为四章："西方和非西方：文明间的问题""多文明的全球政治""从过渡战争到断层线战争"和"断层线战争的动力"。亨廷顿认为，西方和非西方是文明间的问题。二者关系的中心问题是：西方，特别是美国，在全球范围内推广西方文化的努力与其推广能力下降之间的不协调。（第161页）在现实世界中，属于两个不同文明的国家和集团有时为了对抗第三个文明或者完成某个共同目标，会形成临时、有限、策略上的联盟。但是，不同文明集团之间通常是冷淡不紧密的，因为一个文明中的所有国家不会与第二个文明中的所有国家都拥有相同的关系。作者特别定义了"断层线冲突"，并从历史学、人口学和政治学角度分析了其成因。历史上的暴力冲突，留下仇恨的记忆；不同民族人口对比的变化和青年人口的激增带来了恐慌；新政治实体推行民主，导致民族主义情绪上升。据此，亨廷顿认为断层线的冲突是无休止的，因此不可能永久性地结束断裂带战争。阻止断层线战争升级为全球战争，主要依靠世界主要文明的核心国家的行动。

第五部分题为"文明的未来"，只有一章"西方、各种文明和全球文明"。亨廷顿直指西方文明的弱点：西方文化受到了来自西方社会内部集团的挑战，比如文化自绝和道德衰落。西方的生存有赖于美国人重新肯定他们的西方认同，以及西方人把他们的文明看作独特的，并团结一致对付来自非西方社会的挑战。避免全球主要文明的核心国卷入全球战争，需要遵循三个原则：（1）"避免原则"，即核心国家不干涉其他文明内的冲突；（2）"共同调节原则"，即核心国家通过谈判遏制或制止这些文明的国家间或集团间的断层线战争；（3）"共同性原则"，即各文明的人民应寻求和扩大与其他文明共同的价值观、制度和实践。在书的结尾，亨廷顿指出："文明的冲突是对世界和平的最大威胁，而建立在多文明基础上的国际秩序是防止世界大战的最可靠保障。"（第 297 页）

三、人类文明与文明关系的发展

在探讨"文明的冲突"之前，先要了解文明的起源、发展与分类。这一部分将从三个方面逐步展开。首先简议文化与文明的区别，尔后总结亨廷顿对于文明关系发展阶段的论断，最后对于其将世界文明分为八类进行评判。这会为我们在第四部分深入探讨文明的冲突打下理论基础。

（一）文化与文明的区别

亨廷顿在引论"旗帜与文化认同"里写道："在冷战后的世界，旗帜有其价值，其他文化认同的标志也是如此，包括十字架、新月形甚至头盖，因为文化有其考虑的价值，文化认同对于大多数人来说是最有意义的东西。"（第 4 页）这些本不是文明认同的标志，但亨廷顿笔锋一转，继续写道，文化认同在最广泛层面上是文明认同，就此展开讨论。

文化与文明都是 18 世纪之后成熟起来的词语。按照通行的理解，文明主要是指一个特定社会物质生产和精神生产的总体状态。另一个定义则是指社会进步和开化达到的程度，与蒙昧和野蛮形成对照。特里·伊格尔顿（Terry Eagleton）在《文化》一书中认为"文化"与"文明"之间存在张力，前者指向宗教、艺术和知识方面，彰显差异；而后者被看作文化的一个实体，包括了政治、经济和技术生活，缓解差异。前者高远，指向精神、批判和雄才大略；而后者是一个社交词汇，风度翩翩、亲切睿智，又讨人喜欢。而亨廷顿认为，"文明是放大了的文化"，包括"价值观、准则、体制和在一个既定社会中历代人赋予了头等重要性的思维模式"（第 20 页）。澳大利亚学者杰里米·史密斯（Jeremy Smith）在 2017 年的一本关于文明的论著《论辩文明：全球化时代的文明分析》（*Debating Civilizations: Interrogating Civilizational Analysis in a Global Age*）中，也表达了类似观点。他指出，文明可被看作"整合"为一体的各式各样的社会-文化单元。所以文明可以说是在长期的不均衡的历史发展过程中，各种社会和文化力量互动下来，最终以一个大一统的形式脱颖而出。

综合上述讨论，我们发现，"文明冲突论"里的文明其实包括物质文明和精神文明，它是一个国家、一个民族、一个文化和宗教圈内的精神生活与社会生活的综合。这也就不难理解，为何文化相同的国家能相互合作，最终合为一体，即使人民被意识形态所分离，如东德和西德；而文化相异的国家即使被意识形态和历史因素统一在一起，最终也会因文明不同而分离，如苏联。

（二）文明关系的发展阶段

亨廷顿对于文明之间关系演进的三个阶段的划分是本书的一大亮点。他认为，人类文明经历了区隔、冲击和相互作用三个阶段。

1. 区隔（公元1500年前的文明）

在此期间，文明被时间和空间分隔开来。公元1500年以前，安第斯文明和中美洲文明与其他文明之间以及相互之间几乎没有交往。同样，黄河流域、尼罗河流域、印度河流域、底格里斯河和幼发拉底河流域的早期文明，也相互没有影响。因此，思想和技术的传播尤其慢。比如中国在8世纪发明了印刷术，11世纪发明了活版印刷，直到15世纪才传入欧洲。造纸术2世纪出现在中国，7世纪传到日本，8世纪传播到中亚，10世纪到北非，12世纪到西班牙，13世纪到北欧。文明间的冲突也是非常短暂，远少于文明内部（第28页）。

2. 冲击（约1500—1900年）

这一时期的最大变化是西方的兴起。一个文明会使用暴力战胜、征服甚至消灭另一个文明。这种冲击使区隔期的短暂、暴力的文明间交往变为了西方主导的持续的、不可抗拒和单方面的冲击。到16世纪时，欧洲顺利完成了文艺复兴，社会的多元主义、强大的商业和技术成就为开启全球政治的新纪元奠定了基础。1800年欧洲和欧洲的（前）殖民地占地球表面的35%，1878年为67%，1914年高达84%。结果是安第斯和中美洲文明被消灭了，印度文明、伊斯兰文明和亚洲文明被征服，中华文明被西方影响。此时，"文明意味着西方文明，国际法意味着源自格劳修斯传统的西方国际法，国际体系是西方的威斯特伐利亚体系"（第31页）。

3. 相互作用（20世纪始）

文明之间的关系从一个文明对所有其他文明单向影响的阶段，转向文明之间强烈的、持续的和多方向的相互作用阶段。西方的扩张终结，西方内部的冲突消失，对西方的反抗开始。全球政治地理从1920年的一个世界走向20世纪60年代的三个世界，然后走向20世纪90年代6个以上的世界。"每一个文明都把自己视为世界的中心，并把自己的历史当作人类历史的主要场面来撰写。"（第33页）

(三) 文明的区分及批判

对于历史上的主要文明总数，历史学家们常常各执一词。英国历史学家阿诺德·汤因比（Arnold J. Toynbee）在其著作《历史研究》中将文明分为26种。亨廷顿在没有讲清分类缘由的情况下，将世界文明分成了七个或八个，即中华文明、日本文明、印度文明、伊斯兰文明、西方文明、东正教文明、拉美文明以及可能存在的非洲文明。

许多学者曾表达对亨廷顿文明分类的不同看法，美国前驻联合国大使柯克帕特里克（Jeane Kirkpatrick）在《外交》上的撰文观点最为尖锐。她认为，如果文明是由语言、历史、宗教、习俗、制度等客观要素以及内部的认同来划分，则应该是容纳人们广义身份的最大集合体，那为何要对"西方文明"和"拉美文明"做出区分？代表西方文明之一的北美洲和拉丁美洲都是欧洲人开创、营建的大陆，带去了欧洲的语言、犹太-基督教观念、法律、文学等。拉美文化受印第安因素的影响较北美多，而美国文化所受非洲的影响要多于大多数拉美国家。因此，北美和南美都是欧洲和其他洲要素合力影响的混合物。她同样指出，俄罗斯也属于西方的范围。虽然冷战给欧洲带来了名义上的东西之分，但全球来看，东正教/斯拉夫民族仍然是具有西方文化的欧洲人。东正教本身的神学和仪式、俄罗斯文学和音乐、列宁主义等都是西方文化的表征。因此，不能做出东正教文明这一严格的区分。

四、文明的冲突

在梳理完文明的定义、文明间关系的发展阶段和文明的分类后，我们进入本书最核心的理论——"文明的冲突"。根据亨廷顿的定义，文明的冲突主要发生在文明间，尤其是断层线上，其次发生在文明内。

（一）文明间冲突

在亨廷顿的理论里，"文明"更多具有功能主义内涵，即可以用来增强凝聚力与共识，也可以调动资源，而这种资源可建立起比国家、民族等更广泛的统一体。所以，国际政治与国际关系视角下的文明并非文明本身的含义。"文明冲突论"与其说是处理不同文明之间的关系，不如说是国际关系在文明上的展现或者说是国际政治对文明资源的运用。

亨廷顿认为,"西方所造成的文明间的政治思想冲突正在被文明间的文化和宗教冲突所取代"(第33页)。确定文明冲突论后,他并没有讨论不同文明之间的冲突,而是把七八个文明一分为二,"主要的区分在于迄今占统治地位的西方文明和其他文明之间……简言之,世界被划分到一个统一的西方和一个由许多部分组成的非西方"(第15页)。而非西方文明中能够与西方文明抗衡的只有中华文明和伊斯兰文明。但由于伊斯兰文明缺少一个核心国家,组织涣散,最终构成西方文明挑战者的只有中华文明。至此,亨廷顿的目的可谓昭然若揭——这个理论不过是为后冷战时期的西方(尤其是美国)重设了假想敌。

这里至少有三点谬误。其一,文明冲突论被简化为"西方与非西方"的问题,但作为文明整体的"非西方"并不存在,尤其考虑到伊斯兰文明、儒家文明与印度文明的独立性。伊斯兰世界本身就是许多民族、种族、各种不同意识形态和社会制度的国家或组织的混合体。美国的中东政策就利用了伊斯兰世界的分裂性,支持亲美、奉行温和伊斯兰意识形态的阿拉伯国家如沙特阿拉伯、科威特、埃及等国,打击遏制反美、奉行激进伊斯兰意识形态的伊朗、利比亚等国。如此行事也并非文明的考虑,而是背后的国家利益。其二,如果像亨廷顿所说,文明的核心是宗教的话,那么其并未从神学政治论的视角揭示宗教间的不同如何引发政治冲突。基督教和伊斯兰教文明引发的世界争端毋庸赘述,但儒家文明有"和而不同"的原则,完全可接受世界文明的多元与平行。如果说基督教因其依据一神而努力同化其他文明,使其成为一种传教或立教的文明;儒家则恰恰不同,"礼闻来学,不闻往教"(《礼记·曲礼上》),将自身定位为一种学习型文明。它强调的并非冲突,而是多元文明各自有自己的世界,多个平行世界间可以"道并行而不悖,万物并育而不相害"(《礼记·中庸》)。其三,各文明内部的冲突远多于文明间的冲突,这将在下一部分进行详细论述。亨廷顿同样承认美国作为霸权国家与欧洲传统强国有冲突,但因同属西方文明,彼此间应"加强政治、经济和军事一体化,协调政策"(第287页);而美国作为西方文明的领导者,应"采取与欧洲伙伴紧密合作的大西洋主义政策,保护和促进大家共同拥有的、独一无二的文明的利益和价值观"(第288页)。

(二)文明内冲突

"软实力"概念的提出人、哈佛大学肯尼迪政府学院教授约瑟夫·奈(Joseph Nye)曾经这样评价:"亨廷顿认为,冷战后的一个主要冲突根源是宗派主义以及与之相匹配的认同感。这话没错,但是他只抓住了认同感冲击的一个方面。大文化(文明)内部的认同冲突要远远多于大文化之间的认同冲突。比如世界上大多数冲突发生在非洲内部,而亨廷顿却把整个非洲称作一种文明。"

在中亚地区,伊斯兰文明之间的冲突远大于其与西方文明的冲突,比如伊朗与土耳其之间。柯克帕特里克也指出,穆斯林面临的最大分歧在伊斯兰世界内部,而不是伊斯兰与犹太-基督文明之间的重大差异。穆斯林内部主张理性、温和、非暴力和非扩张的个人、政党与政府,与那些反现代、反西方、极端偏狭、暴力、扩张的个人、政党与政府间的冲突可能性更大。而不同文明间的联合也存在,比如1990年伊拉克入侵科威特之后,同为伊斯兰国家的沙特阿拉伯、卡塔尔、阿联酋等与西方和非洲国家组成联合部队,对抗伊拉克。

（三）断层线冲突与核心国家冲突

那么文明的冲突发生在哪里呢？亨廷顿给出的第一个答案是"断层线"。断层线（Fault line）是借用地理学科里描绘地震原因时所用的地壳断层的概念。地震通常沿着断层线发生。断层面与地面的交线为断层线，反映出断层的延伸方向和延伸规模。地质学家最初认为断层线为地震的结果，可以想象假如地壳本是一块平坦的巨石，地震发生时碎裂，一块岩石滑到另一块之上形成断层。如果是这样，断层线就成了过去地震的证明。但后来科学家们进一步研究发现，断层线在地震之前就存在了，是断层沿线的压力导致了地震。断层承受的压力逐渐积累，最终断裂发生地震。从地震引发断层线到断层线引发地震的研究发现，是地震学中的一次重大突破，解开了地球上纵横交错的断层线的原因，更可以预测地震，减少社会损失。同理，文明中的断层线也就是文明间压力或者说冲突潜力最大的地方。在微观层面，断层线冲突发生在属于不同文明的相邻国家间或者一国之中属于不同文明的集团间。断层线冲突的特点是相对持久、时断时续、暴力水平高、意识形态混乱，难以通过协商解决。永久结束断层战争不可能，只能暂时休止。休止断层线战争，阻止其升级为全球战争，这就要依靠世界主要文明核心国的利益和行动。如果说断层线战争是自下而上的，那么断层线和平只能是自上而下的。

第二种冲突就是核心国家的冲突。在宏观层面或者全球层面上，不同文明的核心国家的冲突可能会导致战争。在亨廷顿看来，断层线的战争由于涉及利益、层次、国家数量的不同，有可能演化为更高层次的核心国家的战争。结果必须要靠文明间的合作协商才能遏制和结束。

五、变动中的文明与新的文明秩序

最后，世界文明在怎样变化，又会形成怎样的秩序呢？总的来说，文明变动有两个特征：一是国家追随文化相似的国家，尤其是文化影响力强大的核心国家；二是整体文明变化呈现西落东升的状态。

（一）同心圆与文明秩序

化学中有个"相似相溶"原理，意为由于极性分子间的电性作用，极性分子组成的溶质易溶于极性分子组成的溶剂，而非极性分子组成的溶质易溶于非极性分子组成的溶剂。同理，文化相似的民族和国家走到一起，文化不同的国家分道扬镳。亨廷顿提到了同心圆原理。在八大文明里，拉美文明、非洲文明和伊斯兰文明没有核心国家，西方文明的核心是美、英、法、德，中华文明的核心是中国，印度文明的核心是印度，日本文明的核心国家是日本，东正教文明的核心国家是俄罗斯。由于相似相溶，国家都倾向于追随文化相似的国家，抵制没有文化共性的国家。其中，核心国家的吸引力巨大，但由于实际政策政治上的相似程度不同，同文明内的国家与核心国的距离不同，最后形成了围绕核心国家的若干同心圆。所以在冷战后，各个国家不管是成员国、核心国、孤独国还是分裂国、无所适从国，都与各文明国家有不同程度的联系，通过文明来划分敌我。

(二)西方的衰落和东方的升起

早在 20 世纪初,德国历史学家奥斯瓦尔德·斯宾格勒(Oswald A.G. Spengler)就在《西方的没落》一书中,提出"文化是贯通过去与未来的世界历史的基本现象",阐述了西方文明所面临的困境,并以宿命论的方式预言了西方的衰落。

亨廷顿同样论断,西方文明在全球金融和技术等方面占有绝对优势,但同时面临更多内部问题和需求。西方文明衰落有三个特征:缓慢、不呈直线且带有间歇和反复、支配资源的实力下降。反观非西方,首先对西方知识和文化的本土化加速了非西方文化和宗教的复兴,增强了自身文化的优越感。其次,硬实力也取得了显著提高。"亚洲的自信根植于经济的增长;穆斯林的自我伸张在相当大的程度上源于社会流动和人口增长。"(第83页)中国和其他亚洲社会的经济发展为政府提供了强有力的资源,而穆斯林的人口尤其是青年人口的增长和大批穆斯林转向伊斯兰教,对非穆斯林社会带来威胁。新的世界秩序会由此形成。

值得注意的是,虽然亨廷顿预言,始于 20 世纪的西方的衰落可能会持续几十年甚至几百年,但如此无规律的动荡可能也是其经历的一个发展阶段,之后扭转局势,再次确立它作为其他文明继续追随和效仿的领袖地位。

(三)福山的"历史终结论"与新秩序的形成

在 1989 年苏东政变、冷战即将结束时,亨廷顿的学生福山(Francis Fukuyama)旋即祭出"历史终结论",以此宣告阵营斗争的终结，认为接下来就按照西方指明的发展之路，解决路途上可能存在的技术问题、经济问题等。这样一个看法建立在经济和社会长期发展将趋向一个普世文明的判断之上，而且这种普世文明是以西方尤其是美国的自由主义民主实践为基础的。而亨廷顿给出了恰恰相反的意见，"在未来的岁月里，世界上将不会出现一个单一的普世文化，而是将有许多不同的文化和文明共存"（序言第 1 页）。亨廷顿反驳道："在任何文明的历史中，历史都曾经有过一次终结，有时还不止一次。随着一种文明的普遍国家的出现，它的人民由于汤因比所说的'不朽的思想'而变得盲目，确信他们的文明就是人类社会的最终形态。"（第 277 页）以普世文明为目的的历史终结，将是文明衰败的症状，在未全面考察西方文明危机前不应做出结论。

跳出这场学术辩论，亨廷顿的"文明冲突论"不过是其作为秉持现实主义的政治学者，在原有的意识形态、"普世文明"之外提供一种理解后冷战时代到 21 世纪初这个特定阶段的世界政治的思维框架。人类各大文明在历史长河中并存已久，而在这期间文明的冲突并未成为国际社会发展的范式。所以，亨廷顿也自述，提出这个理论的目的是"唤起人们对文明冲突的危险性的注意"，"促进整个世界上'文明的对话'"（序言第 2 页）。

回看这本书的题目《文明的冲突与世界秩序的重建》，我们起初会以为新秩序的建立是以文明的冲突为前提。读罢此书，我们会发现，二者未必有真正的因果关系。固然，亨廷顿的"文明冲突论"影响深远，但是新文明秩序的形成只凭文明间此消彼长、日积月累的变化也可实现，未必需要文明间真正发生冲突或战争。

六、结语

"谁是我们的敌人？谁是我们的朋友？这个问题是革命的首要问题。"这是《毛泽东选集》的开篇第一句。与亨廷顿的判断恰恰不同的是，在如今这个纷纭世界中，国家、族群之间的关系更加复杂——非敌非友、时敌时友、亦敌亦友，因此很难简单地划分出几类文明，并以此来判断文明间冲突的可能性。

将世界发展引向何方，在这个新时代需要大智慧。习近平总书记指出："文明交流互鉴，是推动人类文明进步和世界和平发展的重要动力。""扩大域内外国家间人文交往，以多样共存超越文明优越，以和谐共生超越文明冲突，以交融共享超越文明隔阂，以繁荣共进超越文明固化。"在全球化深入发展的今天，面对气候变暖、自然灾害频发、恐怖主义蔓延等一系列威胁人类生存和发展的全球性问题，我们需要抛弃旧有的狭隘的文化认同感，形成对一种全球性价值观的认同，而这种全新的认同感正来源于对人类彼此休戚相关的共同命运的认知。

我们已经迎来新的一年。2021年是联合国"文明对话"20周年。伊朗前总统哈塔米（Khatami）于1998年9月在第53届联合国大会发表演讲时首提"文明对话"的倡议，同年联合国大会一致通过决议，将2001年命名为"联合国文明对话年"。在20周年到来之际，开展平等、多样的文明对话交流活动，增强人类命运共同体意识，同舟共济，同心同德，同生共荣，共同维护世界的和平与发展，是国际社会的第一要务。

《国富论》导读

차못 속의 참미

亚当·斯密的《国民财富的性质和原因的研究》（以下简称《国富论》）是古典政治经济学的奠基之作，又被誉为现代经济学的圣经。在斯密那里，《国富论》从属于他的以"道德哲学"为核心的整个学术体系，并且带着鲜明的苏格兰启蒙运动的印记，这使得这一著作体现出深刻的经济哲学意蕴。《国富论》所涉及的思想维度十分丰富，通过对这一著作全面而深入的解读，将能带领学生走进斯密深厚而宽广的思想世界。

《国民财富的性质和原因的研究》，[英]亚当·斯密著，郭大力、王亚南译，商务印书馆2015年

学者小传

康翟,男,汉族,1989年4月,复旦大学哲学博士,现为上海财经大学人文学院哲学系副教授。研究领域:经济哲学、《资本论》与古典政治经济学。

探寻斯密的思想世界

康 翟

弗朗西斯·福山曾经在其影响甚广的《历史的终结与最后的人》一书中,提出冷战结束后历史将终结于自由民主制与市场经济之双重架构的观点。照此观之,当今人类应该特别感谢两位历史人物,一位是《独立宣言》的起草者托马斯·杰弗逊,他为现代民主政治提供了可行的设计方案。另一位就是《国富论》的作者亚当·斯密,他阐明了市场经济的一般原理,并证明了市场配置资源的优越性。尽管《国富论》出版距今已经两百多年,但这本书中所蕴含的深刻道理却从未过时,斯密关于"分工""看不见的手"等经典原理的讨论,如今已成为经济学家思考问题的基本前提。今天绝大多数发达国家基本经济制度所体现的基本理念也是斯密在《国富论》一书中系统阐述过的。

随着改革开放的深入推进与市场经济体制的不断完善,中国人对斯密的研究和阅读兴趣也不断升温。这一点突出地表现在如下事实中:从2006年以后到现在十几年的时间里,《国富论》一共出版了接近40种中文译本。截至2013年底,《道德情操论》也已经出版了约30种译本。长期以来,由于斯密的政治经济学构成马克思创作《资本论》的重要思想来源,斯密的思想更多地被意识形态化地解读了。这种解读方式在最近十多年里逐渐被一种更关注历史事实和历史语境的解读方式所取代,一个学术化的斯密形象正在不断得到确认。当此之时,我们正好处于一个探寻斯密真实思想世界的有利时机。

一、斯密及其时代

1723年6月5日,斯密出生于苏格兰法夫郡的卡柯尔迪。他的父亲是当地海关的审计员,在斯密出世前的几个月就去世了。母亲是大地主的女儿,一直活到90岁。斯密童年体弱多病,又无兄弟姊妹,一生未曾娶妻,同母亲相依为命60年。斯密在幼儿时代曾经被吉卜赛人拐走,幸好有叔父全力营救,才得以平安无事。由于成长过程中体弱多病,斯密一直以为自己活不了太久,但实际上,他活到了67岁,这在当时已经是高寿。总体来看,斯密的人生并没有什么跌宕起伏的经历,据斯密传记作者的考察,斯密一生也没有发生什么扣人心弦的爱情故事。斯密不爱旅行、不爱通信,朋友也只是小范围里的寥寥数个,他似乎将全部热情都倾注于思想的事业。或许是在思想的领域里获得了普通人所需要的成就感和满足感,他并没有很看重世俗享乐的价值。

斯密的青少年时代是在苏格兰卡柯尔迪市市立学校度过的,并在这里接受了启蒙教育。中学时代,斯密就因为对书籍的热爱和惊人的记忆力而颇受众人关注。1737年斯密进入格拉斯哥大学学习道德哲学,在那里,他结识了著名的道德哲学家哈奇森,并通过哈奇森的引荐,与正在写作《人性论》的著名哲学家休谟相识。1740

年，斯密进入牛津大学深造，主攻古典哲学和现代哲学。大学时代，斯密广泛涉猎当时已经存在的思想成果，通过刻苦的学习为未来的学术道路奠定了坚实的基础。

斯密的学术生涯颇为顺利，30岁不到就被选为格拉斯哥大学的逻辑学教授。1759年，在年仅36岁时出版了为他赢得声名的著作《道德情操论》。这本书出版之后，深得巴申克公爵的仰慕，公爵决定聘请斯密为自己儿子的家庭教师。此后数年，斯密以公爵儿子家庭教师的身份游历了欧洲诸国。正是在游历期间，斯密考察了各国的风土人情，并与当时欧洲许多颇负盛名的思想家有了密切交往，这些都为斯密构思他的巨著《国富论》起到了积极作用。1776年，斯密在53岁那年出版了他的第二部影响更大的作品——《国富论》。正是这部作品使他成为现代经济学的奠基人，并为他赢得了极高的声誉。为了表示对斯密的尊敬和推崇，他的母校格拉斯哥大学于1784年推选他为该校的名誉校长。

斯密的思想体系十分庞杂，涉及伦理学、语言学、哲学、经济学、政治学、神学等内容，但因为《国富论》的成就过于耀眼，今天我们想到斯密，第一反应就是把他视作一位经济学家。在学术创作方面，斯密秉持精益求精、十年磨一剑的态度。尽管他的两部主要著作获得了巨大的成功，但他还是孜孜不倦地反复修改。直到去世前三个月，他还在修改他最为挂心的《道德情操论》一书。当他意识到某些手稿无法通过修改达到自己满意的程度，他宁可选择在死前让朋友和学生当着他的面付之一炬。

斯密所生活的年代是自由资本主义的上升时期，英国当时是整个资本主义世界体系的中心，商业繁荣日甚一日，资产阶级在财富版图中占据了越来越大的份额。不仅如此，后来困扰李嘉图和马克思等人的资本主义的残酷和剥削的一面,在斯密所生活的时代还未充分暴露,这就决定了斯密的总体论调是进步主义和乐观主义的。斯密的论述更多的是为资本主义的进一步发展扫清障碍,以便资本主义能够充分展现其"文明面"。斯密出生于其中的苏格兰的卡柯尔迪市在当时也算是工商业较为发达的城市,这为斯密思考财富问题、培育工商业意识起到了重大的作用。1707 年,苏格兰和英格兰合并,摆在苏格兰思想家面前的一个十分重要的问题就是,如何尽快缩小与英格兰的差距,实现苏格兰经济、政治、文化的全面提升。因此,苏格兰思想家无论彼此之间在知识背景、个人气质以及社会政治地位方面具有多大差异,都关心一个极为迫切而深刻的问题,就是在一个历史文化具有一定的特殊性而经济又相对落后的体系中,如何能够实现长期的、可持续的进步,达到国富民强。于是,我们就能够理解,何以斯密会致力于回答如何增进国民财富的问题。无论是《国富论》还是《道德情操论》的写作,斯密都是有着强烈的问题意识和现实关怀,或许正是这一点决定了斯密的著作有着历久弥新的经典意义和时代价值。

二、斯密写作《国富论》的历史背景

《国富论》诞生于欧洲旧的封建秩序解体以及新兴资产阶级崛起的历史背景下,在此背景下,种种力量在欧洲封建主义内部发挥了变革的作用,并最终建立起市场社会的结构。如果没有市场社会的建立,《国富论》的写作是不可想象的。毋庸置疑,《国富论》是以阐明市场社会的机理为己任的,市场社会构成了斯密研究财富问题的现实前提和理论基础。试想斯密生活在 18 世纪的中国,那么，即使斯密仍旧具备其全部聪明才智，也无法在一个重农抑商、以小农经济为主体的乡土中国的时代条件下写出《国富论》这样的著作。

在诸种导致市场社会出现的力量中，首先需要考察的是行商的出现。那些配枪的又不是军人的商业小分队，将不同商品带到中世纪欧洲的乡间道路，把贸易、货币和获取精神（acquisitive spirit）引入封建精神。斯密在《国富论》中向我们描绘了工商业的发展如何瓦解了贵族的权力以及封建的依附关系。"封建法制凭一切强制力量所办不到的事，却由国外商业和制造业潜移默化，逐渐实现。国外商业与制造业的兴起，渐使大领主得以其土地的全部剩余产物与他物交换……他们就宁愿把足以维持一千人一年生活的粮食或其价格，用来换取一堆金刚石纽扣或其他同样无用而无意义的东西，随而也就把这粮食所能给他们带来的权威一并舍弃了……于是，为了满足最幼稚最可鄙的虚荣心，他们终于完全舍弃了上述权威。"① 当商人将来自世界各地的奇珍异宝带到欧洲的乡间之后，土地贵族们的欲望被激活了，来自中国的丝绸、印度的香料等立刻使他们意识到货币财富的重要性。原本土地贵族们在占有大量剩余产品之后，主要是以两种方式消费：炫耀与获取威望。前者意味着将大量的剩余产品在盛大的宴席中消耗掉，贵族们以此满足自己的虚荣心。后者意味着贵族们将自己的剩余产品供养各种依附于自身的人，以此作为自己力量和威望的来源。而商业的发展则使得他们沉溺于欲望的不断追逐和满足之中，归根结底，封建贵族之所以衰

---

① 亚当·斯密：《国民财富的性质和原因的研究》上卷，郭大力、王亚南译，商务印书馆2011年，第376页。

落，是因为他们为了物质享受而改变了剩余产品的使用方式，从而间接地放弃了自己的权力和威望。一旦封建依附关系在货币财富的追逐中解体，封建制度的根基也就瓦解了。

在资产阶级确立自己的统治地位之前，是商业资本主导资本积累的时代，这是生产尚未从属于资本的时代，换言之，资本仅仅在流通领域发挥作用，并且到处以现成存在的社会生产形式为基础。商业资本的发展一方面促进了不依赖于土地所有权的货币财产的形成，另一方面也对封建的生产方式起到了瓦解作用，从而间接地为资本主义生产方式的生成奠定了基础。马克思指出："商业和商业资本的发展，到处都使生产朝着交换价值的方向发展，使生产的规模扩大，使它多样化和世界化，使货币发展成为世界货币。因此，商业对各种已有的、以不同形式主要生产使用价值的生产组织，到处都或多或少地起着解体的作用。"① 事实上，正是商业资本的发展挖掉了自身存在的根基，并使自己成为产业资本的附属物。一旦资本支配了生产领域，商业资本就会展示出自己的本来面目，即它只是生产资本再生产运动过程的形式之一。

除了行商或者商业活动之外，城市化过程也对市场社会的建构起到了重要的支撑作用。城市的存在本身为商业和贸易提供了必要的空间，反过来说，城市的发展繁荣本身也有赖于商业活动的进展。欧洲的商业繁荣最早出现在中世纪的城市。斯密在《国富论》中曾经分析了城市的统治性质及相应的风俗习惯。在他看来，城市较早地确立起居民的自由与独立，从而为商业的繁荣奠定了制度基础和法律保障。"处于无力自卫状态的人，自然会满足于仅够过活

---

① 马克思：《资本论》第3卷，人民出版社2004年，第370页。

的生活资料;因为,拥有更多财富,只会招惹压迫者更苛虐的诛求。反之,当人们勤劳的结果确有亲自享受的把握时,他们就自然会努力来改善他们自身的境遇,不仅要取得生活必需品,而且要取得生活上的便利品和娱乐品。所以,以生产生活必需品以外的东西为目的的产业,在都市建立的时期,比在农村早得多。"① 在贵族和国王斗争的大背景下,城市居民成为了国王有意扶持的对象。国王因此给予城市居民各种自治权力,首先是征税权,然后是立法权、行政权。由于享有这些权力,市民得以组织起来:设立市政府,颁布市法规,建筑城堡以自卫、习战事、任守备。由此,中世纪的市民成长为一股不可小觑的力量,不再受制于大领主,甚至出现了大领主被征服的状况,比如,瑞士、意大利等国的情况就是如此。总之,城市的出现及发展为市民社会的出现提供了必要的前提和基础。

  上述两个方面是我们理解市场社会出现这一历史性变革需要抓住的主要方面,除此之外,诸如新教思想的出现、庄园系统内部的税费货币化、探险时代带来黄金的刺激以及基于商业的统一化民族国家的兴起也不同程度地推动了市场社会的出现。马克斯·韦伯在《新教伦理与资本主义精神》一书中,分析了新教思想在何种意义上比以前的天主教思想更加同情商业活动,从而为资本主义的发展起到了极大促进作用。庄园系统内部税费货币化有助于构建一个农产品市场,从而极大地支撑起了城市工商业的发展。自15世纪地理大发现开始,欧洲人将从海外获得的黄金源源不断地运回欧洲,造成整个社会范围内的通货膨胀及财富大

---

  ① 斯密:《国民财富的性质和原因的研究》上卷,郭大力、王亚南译,商务印书馆2010年,第367页。

洗牌。在这个过程中，土地贵族不可避免地衰落了，新兴的资产阶级占据了财富版图的主导地位。而一旦在财富上占据有利地位，就会推动他们寻求政治上的有利地位，资产阶级登上政治舞台的时代拉开了序幕。最后，基于商业的统一化民族国家则为商业的发展提供了统一的国内大市场，并为资本的扩张提供了坚强的后盾。资本主义生产方式的内在矛盾要求不断地拓宽市场，不断将商品和资本输出到更遥远的国度。作为中国近代史起点的鸦片战争，正是在这样的背景下发生的。

三、《国富论》的基本架构及主要思想

《国富论》是一部有着极为明确的问题意识的著作，它所围绕的核心问题是：如何实现富国裕民？斯密指出，现代社会虽然极度不平等，但是为何使得最下层的劳动者也能享受比野蛮人更多的必需品和便利品。问题的答案在于，分工对劳动生产力的改进。因为有了分工，现代社会决定性地超越了原始野蛮状态。即使现代社会中最贫穷的劳工也能过上比野蛮部落中的酋长更好的物质生活，享受更为充实的必需品、便利品和享乐品。

斯密的《国富论》一上来就展开了对分工的讨论，紧接着延伸到关于交换、价格、工资、利润以及地租等问题的讨论。第一篇的前三章讨论的是分工，这部分在初稿中就已经完成了。接下来是货币理论、价值理论以及商品价格的构成部分的分析（分别占据了第四、五、六章）。第七章提出了价格均衡理论，即短期供求所决定的市场价格围绕着"自然价格"而波动。在很大程度上，19世纪的经济学理论的发展正是依靠对这一理论的改进。第八至十一章讨

论的是"什么情况自然而然地决定"工资率和利润率以及什么情况"支配"地租。这几章总结和协调了18世纪的分配理论,把它传给了19世纪的经济学家,而19世纪的经济学家则感到从这几章起步比较容易,因为斯密的论述较为松散,在许多方面都能加以发展。这里需要指出的是,斯密对于资本家阶级也持有批评态度,他认为资本家的利益与社会的一般利益是冲突的。

《国富论》的谋篇布局完全是围绕着"富国裕民"这一核心问题展开的,这一点在全书的序言部分清楚地交代了。斯密全部理论的基础是如下观点:财富本质上是人类劳动的产品。既然财富的本质不是金银,而是人类劳动的产品,那么增进财富的主要手段就是增加单位劳动的生产力,或者在单位劳动生产力既定的情况下增加劳动者人数。如何增加单位劳动者的生产力呢?答案在于分工。如何在单位劳动生产力既定的情况下,增加劳动者人数呢?问题的关键就在于资本的积累。这就是《国富论》第二篇所要讨论的主题。积累起来的资本越多,所能雇佣或者说推动的劳动者人数也就越多。资本积累意味着剩余价值的资本化,它取决于资本家如何分配自己的利润,是把利润主要用于消费还是追加投资扩大再生产,这就决定了资本积累的实际状况如何。除此之外,因为用途不同,等量资本所能推动的劳动数量也是不一样的,在斯密看来,应该将资本优先投资于农业,其次是工业,再次是商业。遵照同一逻辑,国内贸易优于国外贸易,国外贸易优于转运贸易。

资本积累既然决定于资本家在追加投资与个人消费之间的分配,那就涉及人性中的两种动机:节俭与奢侈。奢侈是因为有享乐的欲望,节俭则是因为有改良自身状况的欲望,而改良自身状况的欲望会压倒享乐的欲望:"我们一生到死,对于自身地位,几乎没有一个人会有一刻觉得完全满意,不求进步,不想改良。但是怎样改良呢?一般人都觉得,增加财产是必要的手段,这手段最通俗,最明显。增加财产的最适当的方法,就是在常年的收入或特殊的收入中,节省一部分,贮藏起来。所以,虽然每个人都不免有时有消费的欲望,并且,有一种人,是无时不有这欲望,但一般平均来说,在我们人类生命的过程中,节俭的心理,不仅常占优势,而且大占优势。"① 换言之,因为人性中的节俭倾向总是压倒奢侈倾向,所以斯密对于资本积累持一种乐观的态度,认为随着时间的推移,一国的财富总是会持续增加的。即使这种增加会被战乱、瘟疫等暂时阻断,但只要特殊时期过去,财富增进的进程就会得到恢复。

  表面看起来,斯密在《国富论》第一、第二篇已经把如何增进财富的问题回答清楚了,那么,剩下三篇的逻辑是怎样的呢?在斯密看来,财富问题不仅仅是一个纯粹的经济学问题,也是与一国的政治状况紧密相关的问题。因为一国的政治制度、经济政策、法律安排都会对财富的创造产生直接的影响。所以,斯密接下来要对经济政策本身展开论述。在《国富论》第三篇,斯密以一种历史性的论述,考察了自罗马帝国崩溃以来财富的发展状况。斯密认为,欧洲的发展恰恰是农业受到抑制而制造业、商业得到振兴,并且在后两者已得到发展的基础上,农业开始发展起来。换言之,欧洲的历史恰恰走了一条违背财富增长自然秩序的道路。

---

  ① 斯密:《国民财富的性质和原因的研究》上卷,郭大力、王亚南译,商务印书馆2010年,第315页。

考察了国家的统治性质和风俗习惯对财富发展的影响之后，斯密要进一步思考统治性质背后的理论基础。在斯密看来，一国的经济政策背后总是有相应的思想体系作为基础。在斯密生活的时代，重商主义和重农主义构成两种主要的政治经济学体系。通过对上述两种体系进行批判性考察，斯密确立了自己的自由放任立场。"一切特惠或限制的制度，一经完全废除，最明白最单纯的自然自由制度就会树立起来。每一个人，在他不违反正义的法律时，那就应该听其完全自由，让他采用自己的方法，追求自己的利益，以其劳动及资本和任何其他人或其他阶级相竞争。这样，君主们就被完全解除了监督私人产业、指导私人产业、使之最适合于社会利益的义务。要履行这种义务，君主们极易陷入错误；要行之得当，恐怕不是人间智慧或知识所能作到的。"①

总体来看，《国富论》的前四篇回答了"富国裕民"这一核心问题的"裕民"部分，讨论了如何才能使一国国民的财富得到最大限度的增加。当国民财富的问题讨论清楚之后，斯密在《国富论》的最后一篇也就是第五篇展开了对国家收入问题的考察，这就涉及我们今天所说的财政税收问题。第五篇占全书篇幅的 28.6%，是一篇自成体系的关于财政学的论文。第五篇之所以占这么大篇幅，是因为它含有大量材料，主要从历史角度论述了公共支出、公共收入及公债。尽管《国富论》的第五篇所涉及的财政税收状况已经与当代的现实存在很大的距离，但它仍然包含着巨大的启示意义和时代价值。

---

① 斯密：《国民财富的性质和原因的研究》下卷，郭大力、王亚南译，商务印书馆 2010 年，第 253 页。

四、《国富论》与《道德情操论》的关系

相比《国富论》,《道德情操论》一书以及这两本著作间的关系受到学术界较少的关心,长期以来未被人们正确地理解。早在19世纪中叶德国历史学派的经济学家就提出了所谓"亚当·斯密问题",即《道德情操论》和《国富论》对比悬殊、相互矛盾的问题。他们认为,斯密在《道德情操论》中把人们的行为归结为同情,而在《国富论》中,由于受到法国唯物主义的影响,从利他的唯物论转向利己的理论。从此之后,几乎所有研究亚当·斯密思想的论著,差不多都把斯密看作伦理学上的利他主义者、经济学上的利己主义者。如何看待这种观点?

虽然《国富论》在出版之后取得了巨大的成功,为他赢得了很高的声名。但是,斯密最挂心的还是《道德情操论》,在生命中的最后几年,他试图完成该书第六版的修订工作。由于斯密意识到这次修订是对《道德情操论》的最终审订,是使该书"定型"为一个完美的版本,因此他做得非常细致。他在1788年3月15日致托马斯·卡德尔的信中写道:"我是个迟钝、非常迟钝的作者,每一篇作品在我能够勉强满意它之前,至少要写上六七遍。"因此,修订工作进展缓慢,交稿日期比预期的要迟得多,大约在1789年12月才修订完毕,到1790年斯密去世前几个月,这个新版本才出版。

仔细考察起来,可以发现斯密的两本著作虽然在论述的侧重点上是不一样的,但都建立在同样的人性原则基础上。首先,从《道德情操论》和《国富论》的交替创作、修订及其整个研究、写作

计划来看，绝不能否认斯密学术思想体系在本质上的一致性。按照当时苏格兰大学中的学科分类法，以及在斯密的学术思想体系中，这两部著作的思想都属于"道德哲学"这一门学科。当时苏格兰"道德哲学"这门学科实际上包括了后来社会科学的许多门学科。斯密在格拉斯哥大学讲授这门课程的内容，就包括神学、伦理学、法学和政治学四大部分，而政治学这一部分又包括了当时所称的政治经济学。其次，斯密的两本著作都是从人的利己本性或自爱本性出发的。斯密指出，支配人类行为的动机有自爱、同情心、追求自由的欲望、正义感、劳动习惯和交换倾向等；人们自爱的本性是与同情心相伴随的，然而人在本能上又是自私的，总是在自爱心的引导下追求自己的利益，从而妨碍同情心的充分发挥。在斯密看来，"自爱"是人类的一种美德，它决不能跟"自私"相混淆。最后，《道德情操论》和《国富论》之间的有机联系还集中表现在斯密对那只"看不见的手"的统一论述中。对"看不见的手"的论述，在《道德情操论》和《国富论》中各出现一次。

　　以上对于《国富论》与《道德情操论》统一性的辩护，仍然更多的是形式层面的，事实上，这两本著作的统一性可以从各自的内容上予以说明，因此，这种统一性归根结底是一种内在的统一性。首先，"改善自身处境的愿望"在《国富论》中是斯密预设的前提，从这一前提出发，斯密说明了为何节约会压倒奢侈浪费，从而使得资本积累得以发生。而资本积累正是斯密整本《国富论》中试图回答的如何实现裕民富国问题的最终答案。在《道德情操论》中，斯密试图对他在《国富论》中作为前提的东西进行说明，为了说明这一点，斯密必须引入对同情机制的研究。同情在斯密这里具有独特的含义，它意味着情感的一致以及由此而来的赞同，而赞同正是人们寻求的东西。

斯密指出:"按照我们所说的人生的伟大目标,即改善我们的条件而谋求的利益又是什么呢?引人瞩目、被人关心、得到同情、自满自得和博得赞许,都是我们根据这个目的所能谋求的利益。吸引我们的,是虚荣而不是舒适或快乐。"① 斯密这里的论述其实建立在这一个基本判断之上:人们倾向于同情我们的快乐而不是悲伤。比如,我们在婚礼上对于新人的快乐所产生的同情是真诚的、发自内心的,但是在葬礼上,我们很多时候只是不得不故作肃穆。这就决定了我们往往会夸耀自己的财富而隐瞒自己的贫穷。为了能够获得同情、承认与赞同,我们必须要改善自己的处境,努力使自己成为他人羡慕甚至崇拜的对象。"把自己变成这种尊重的合宜对象的愿望,应当在同自己地位相等的人中间得到和实际获得这种名誉和地位的愿望,或许是我们所有愿望中最强烈的;因而我们急于获得财富的心情,在很大程度上是由这些比提供肉体上所需的各种必需品和便利——这些往往是很容易提供的——的愿望更强烈的欲望引起和激发出来的。"② 斯密指出了当物质生活得到满足之后,人们最强烈的渴望便是赢得尊重,很多时候,我们认为只有比别人更成功、更富有,才能赢得这种尊重。

通过《道德情操论》中的细致分析,斯密澄清了在《国富论》中作为前提的关于人具有自爱本性的预设。从这个角度来看,斯密的两本著作在内容上是连贯的,《道德情操论》关于人性和道德问题的讨论是《国富论》所讨论的财富问题的进一步延

---

① 斯密:《道德情操论》,蒋自强、钦北愚、朱钟棣、沈凯璋译,胡企林校,商务印书馆2013年,第61页。
② 同上书,第273—274页。

伸和深入。不仅如此,这两本著作在内容上的连贯性还体现在,财富的发展需要正义的制度和正义的德性,换言之,只有确保基本的法律秩序,商业的繁荣才是可能的。斯密写道:"行善犹如美化建筑物的装饰品,而不是支撑建筑物的地基,因此作出劝诫已经足够,没有必要强加于人。相反,正义犹如支撑整个大厦的主要支柱。如果这个柱子松动的话,那么人类社会这个雄伟而巨大的建筑必然会在顷刻之间土崩瓦解,在这个世界上,如果我可以这样说的话,建造和维护这一大厦似乎受到造物主特别而宝贵的关注。所以,为了强迫人们遵奉正义,造物主在人们心中培植起那种恶有恶报的意识以及害怕违反正义就会受到惩罚的心理。"① 这里,斯密将正义理解为商业社会的基础,同时又将人们对惩罚的恐惧心理视作正义的基础。

最后,如果说《国富论》的核心主题是财富,那么《道德情操论》则以幸福为主题。相比财富,幸福是更高层次的追求。这就使得《道德情操论》相比《国富论》而言具有更高的地位。但由于幸福首先要以财富作为基础,《国富论》是《道德情操论》必要的铺垫和前提。从这里也可以看到,这两本著作具有内在统一性。幸福的实现需要财富,但也有赖于美德。斯密的《道德情操论》本质上是对美德的讨论。何谓美德?它首先意味着合宜性,其次,从行为的结果上来看,它又意味着优点或能够激发感激之情的东西。美德会使人获得安宁平和的心境:"美德是这种令人愉快的尊敬对象的意识,成为必然随之而来的那种精神上的安宁和自我满足的根

---

① 斯密:《道德情操论》,蒋自强、钦北愚、朱钟棣、沈凯璋译,胡企林校,商务印书馆2013年,第107页。

源,正如猜疑相反会引起令人痛苦的不道德行为一样。被人敬爱和知道自己值得别人敬爱是多么巨大的幸福啊。被人憎恨和知道自己应该被人憎恨又是我们多么巨大的不幸啊。"①

---

① 斯密:《道德情操论》,蒋自强、钦北愚、朱钟棣、沈凯璋译,胡企林校,商务印书馆2013年,第142页。

《风险社会》导读

《风险社会》是德国著名社会学家乌尔里希·贝克（1944—2015）的代表作。如何全面而辩证地认识现代性，是诸多领域的研究者关注的问题。《风险社会》的价值在于，在20世纪80年代就对现代性的辩证性、风险性进行了卓有特色的揭示。贝克认为，现代性不仅是一个人类文明不断取得成就的过程，也是一个人们日益遭遇整体性风险的过程；现代社会是一种风险社会，风险是现代性的一个内生性问题，是人类在推进理性、技术等过程中必然出现的现象；风险是人类行为的结果，生成于人类有组织的不负责任，其后果与影响具有全面性、全局性、全球性；应对风险社会，需要对理性、技术、行为、组织等进行全面的反思与重构，需要人们组成一种应对风险的全球共同体。《风险社会》为我们理解当代社会尤其是风险问题，提供了一个独特而有价值的视角。

《风险社会》，[德] 乌尔里希·贝克著，何博闻译，译林出版社2004年

学者小传

陈忠，上海财经大学人文学院教授、博士生导师。主要从事空间与城市哲学、发展伦理学、马克思主义哲学等方面的研究。主持国家社科基金项目6项，出版专著5部，发表论文140多篇，多次获省级以上科研奖励，入选上海领军人才。

贝克《风险社会》导读

陈 忠

今天是一个比较有意义的日子：世界读书日。在读书日和大家一起来回顾、阅读经典，特别荣幸，特别有意义。春天是读书的季节，让我们迎着春风，一起阅读。

一、现代社会是一种风险社会

贝克的《风险社会》，十几年前我多次引用和阅读，也围绕风险社会写过几篇论文。十几年前是什么时间呢？"非典"暴发的时候。过了十七八年，我们回头再看这部著作，会发现，今天仍然有它的意义。经典常读常新，回到经典，可以帮助我们更好地理解现实。今天为什么要选择重读《风险社会》？众所周知，我们又一次遭遇并处于风险进程之中：新冠病毒正在肆虐全球。那么，我们怎样去认识此类现象和问题？方法很多。回到原著、重读经典，会给我们一些参照甚至认识的起点。一方面，现实中的问题会推动我们从新的角度阅读经典；另一方面，经典著作中的观点、思想和论断对我们理解现实也往往会有助益。

以城市、市场、技术等为动力的现代社会是一个安全社会，还是一个风险社会？在科学、理性、专业、民主不断推进的同时，为什么仍会出现重大的风险？风险是否同人类如影随形？随着文明的进步，我们面临的风险是多了还是少了？风险社会的形成同我们自身的行为方式、行为逻辑有无关系？

虽然每个人的具体处境互有差异，大家的感受也会不同。但在总体上，我们的生活越来越稳定，安全性、确定性日益增强，未来似乎也越来越可预见、可预期。我们日益相信，生活与世界会越来越好。但是，怎么突然就进入了目前的这样一种状态，不仅仅是风险，甚至是危机的状态。它背后的原因是什么？我们需要静下来想想，尽力搞清楚。

随着现代性、现代社会的推进，科学、理性、技术、专业、自由、民主等都推进或者说运行得非常好。那为什么仍然会不定期地出现"非典""新冠"等重大的风险、危机？风险是不是一直和我们如影随形的东西？随着文明的进步，我们在未来是不是还会面临一些重大的风险，甚至是危机？

应该说，风险和危机的成因非常复杂。那么，风险的形成和我们人类自身，特别是我们所组成的集体化、组织化或者叫社会化的状态，是否有关？贝克的《风险社会》为我们思考诸如此类的问题提供了一个阶梯或者说切入点。

贝克的风险理论并不完美，有一些可以商榷之处。但任何著作都不会是完美的。我们阅读有基本定论的著作，可能首先需要寻找对我们有价值的东西，用一种寻找的眼光来阅读。

其实，我们每个人离原著都很近，都天然具有理解原著的能力。正像康德所讲，我们都有一种先天综合判断的能力。这种能力使我们可以和重要的思想家相比肩。

贝克的《风险社会》及他的另一本《世界风险社会》，要点是什么呢？名著往往是大道至简的。简言之，贝克的一个重要观点，就是我们生活中经常讲的一句话：有得必有失。

在生活中，我们经常会发现一种现象："得到了不该得到的，就会失去不该失去的；失去了不该失去的，也会得到不该得不到的。"得与失往往是均衡的，贝克的《风险社会》讲的正是这样一个朴素的道理，只是用学术化、社会学的语言来讲。

人类文明在具有确定性的同时也具有不确定性，在收获、进步的同时也会付出成本、代价，而造成代价、成本的原因往往在人类自身。贝克用学术的方式对这个问题进行了分析。道理是生活中的道理，故事是生活中的故事，却用学术、概念的方式来讲述。

经典读通了，我们会发现：经典其实并不复杂，它们之所以重要，就在于讲了我们都已经意识到却没有集中思考的问题，没有想清楚的问题，没有明确讲出来的问题。经典讲的就是生活中的问题、生活中的道理。我们没有必要把经典、原著神秘化。

当我们说人类文明遭遇深刻问题，当贝克讲现代社会成为风险社会的时候，其实是有一个前提的：人类文明、现代社会已经取得了很大的成就。这一点首先要肯定。贝克说人类进入了风险社会，不是说这个社会一无所是，现代文明已经进入完全的反人类、反文明的状态。认识风险社会首先需要确认：我们这个世界在总体上还是比较好的；但也有一些反面、负面的东西，有另外一个侧面的东西。

任何一种发展与发展方式都会有一定的代价、负面效果、反作用。我们推进的工业、技术、理性、对自然的征服等，都会对人类有反自身性、反作用，其后果会作用于人类自身。就像我们扔出去一支飞镖，它有可能会回旋到我们自身，甚至可能伤害我们自己。我们所推崇的理性、科技、生产力，最后可能成为一种异化的甚至对我们有伤害的力量。生产力有可能成为反生产力；为了人类的需要去改造自然，却也可能使自然成为不适合人类生存的环境。但我们也不能说发展理性、科技、生产力在根本上就是错误的。

由于现代性的成就过于巨大，推进得过于顺利，以至于我们都戴上了一种成就的眼罩、口罩、面具，忘记了发展与行为的两面性、代价性，忘记了文明的负面性、负效应。贝克的重要价值正在于：他是一个比较早看到并指认现代文明如一枚硬币既存在正面也存在另一面的人。

在贝克看来，风险是文明的负面，人类破坏生态等所创造的问题正在全面地反制人类，现代性成为一种具有自反性的现代性。所以贝克说："占据中心舞台的是现代化的风险和后果，它们表现为对植物、动物和人类生命的不可抗拒的威胁。""风险社会是一个灾难社会。在其中，异常的情况有成为屡见不鲜的情况的危险。"

如果说现代社会、文明社会有提醒人们存在风险与问题的吹哨人，那么贝克就是一个很重要的吹哨人。他很早就告诉我们，现代文明面临风险。20多年前就提醒我们，人类正在进入风险社会。当他提出这个观点时，很多人觉得难以接受：现代文明怎么可能是风险社会？但是，当切尔诺贝利核电站事故出来后，大家突然发现，贝克讲的是有道理的：我们现在确实处于风险之中；风险与文明、人类如影随形；我们始终要当心，不能走向一个狂妄的自我，成为狂妄的人类。

二、风险社会导致逻辑转换

贝克不仅指认了风险的存在，更对风险社会的一些内在逻辑、由风险所推动的逻辑变迁进行了揭示。

1. 问题逻辑超越财富逻辑

贝克认为："在古典工业社会中，财富生产的'逻辑'统治着风险生产的'逻辑'，而在工业社会中，这种关系就颠倒了过来。""曾经被高度赞扬的财富源泉（原子能、化学、基因技术等）都转变为不可预测的危险源泉。"

我们都能感受到：随着工业文明、商业文明等的推进，人类积累了大量的财富。那是不是说，我们就进入了一个财富的时代？中产阶级的兴起、社会贫困线的不断提升、各种先进的高科技、日益管理的手段等，都使我们树立起一种观念：日子会越来越好，我们会越来越享有更好的生活。但也有可能如贝克所述，突然有一天，好日子暂停了，财富在缩水，甚至生命安全都遭遇了威胁。

谁能想到，2020年这个庚子年，因为疫情，世界出现了这么大的变化？作为高速交通工具的飞机突然成为摆在机场上、不可以起飞的玩具和展品，本来人满为患的高铁、地铁突然变得空荡荡。为什么会这样？文明的另外一个侧面，反文明的东西突然在某一天被放大了，显现出来了。所以贝克会讲，我们这个社会看似由财富逻辑在主导，我们也更关注财富逻辑；但是在某一瞬间，我们会被迫发现，这个社会还有一个侧面——问题面，还有另外一个逻辑——问题逻辑。

这个世界永远是多面的。正如一枚硬币，它不仅有一个面，两个面，而且可能有 n 面。最少也有三个面：正面、反面，以及立面那一圈。疫情提醒我们问题逻辑的存在，问题逻辑甚至有可能超越财富逻辑。现在的我们就能够深切地感受到这样一个问题逻辑的存在与影响。问题逻辑已经对财富逻辑形成了伤害，甚至成为社会运行的主导逻辑。斯宾格勒也有过类似的表述。如果同学们阅读过《西方的没落》，应该可以记起类似的观点。

2. 平等逻辑超越差异逻辑

贝克认为："阶级社会和风险社会中的不平等是相互重叠和互为条件的；后者可以产生前者。"现代生态风险等日益平等地分配于每个人。现代社会，面对风险，人人平等。

风险社会的另一个逻辑转换是平等逻辑超越了差异逻辑。这是什么意思呢？财富、地位、机会等的均等、平等是人们的重要理想。但实际上，不管是从国家关系、阶层关系还是个人关系看，现代社会都存在极大的不平等。比如，在有的国家，5%到20%的人占有了70%到80%的财富。在总体上，以平等为目标的社会其实存在严重的贫富不均等、不平等现象。

在贝克看来，风险社会使这种逻辑发生了翻转。从问题的角度来看，现代社会正在变成另外一种意义上的平等社会：面对风险时的平等。什么意思？重大的风险，比如现在发生的疫情，对每个人都起作用。病毒不会因为你钱多、你富有，就不袭击你，甚至可能传染得更快，因为你会因富有而更有条件参加各种聚集。贝克正是在这个意义上讲，平等逻辑超越甚至压制了差异逻辑。在生死面前，在重大的风险和危机面前，每个人都是如此的弱小、如此的平等。

当然我们也会发现，面对风险，人们之间仍然存在不平等。富有的、地位高的人可能会获得更好的治疗。这种情况当然存在，特别是在风险还不够巨大的情况下。贝克强调的是：当人们面对没有预知并无法把控的风险时，人们之间是平等的、无可逃避的。其重要意义在于提醒人们，要注重风险的存在，不要用线性的思维看待社会及其发展。

3. 整体逻辑超越个体逻辑

虽然现代社会，人们更为崇尚自由、个性、自我，日益成为以个体为中心的社会，但从结果看，现代社会的代价、危机、风险的影响日益具有整体性。在代价、负面这个意义上，人类是一个整体。

风险社会的第三个转换，是整体逻辑超越了个体逻辑。这是什么意思？现代社会，我们更注重个性，崇尚自由，很多人日益以个体为中心、强调个体权益。但是从风险的成因及其结果看，我们这个世界又具有强烈的整体性。一方面，贝克认为，风险之所以形成，源于人们"有组织的不负责任"，风险是人们共同造就的结果；另一方面，风险的后果需要大家共同承担，没有任何人可以脱离现代风险的影响。比如，新冠肺炎疫情在中国出现的时候，其他国家并不十分在意，有些国家甚至认为与它们无关。现在来看，它其实影响全球。如果不加管控，没有区域与国家会不受影响。贝克正是在风险这个意义上认为，全球逻辑超越了区域逻辑，整体逻辑超越了个体逻辑。

我们说人类是一个命运共同体，既是一个利益的命运共同体，也是一个风险的命运共同体。在风险这个意义上，我们更能够体会到：人类是一个共同体、一个整体、一个命运共同体。贝克认为，面对全球性的风险，需要全球合作，营建应对风险的世界共同体。

贝克的风险思想和康德哲学有贴近的地方。康德认为，物自体不可知。人类把握、认识世界，虽然可以无限接近，但总是无法达到终点，始终只能知道一些片面。这个观点，正如我们耳熟能详一个故事——盲人摸象，我们始终无法真正把握象的全貌，但象始终是一个整体。

4. 自然逻辑超越人的逻辑

风险社会的第四个转换，是自然逻辑反制人的逻辑。虽然自然成为人化自然，纯自然、客观生态在消失，自然已经成为文化的、社会的、政治的、经济的，但自然始终有其反制人类的力量与方式。

为什么这么讲？自启蒙运动、工业文明以来，人类以理性科学为工具，不断地改造自然，把诸多原来不适合人生存的地方改造为可以生活、居住的地方。借用前几年比较时髦的话，自然消失了，自然终结了。

自然终结的意思是说，自然变成了第二自然、经过人化的自然，纯自然很难找见了。甚至我们人自身的自然属性、自然节奏也越来越少甚至没有了。我们都被一股力量所裹挟，按照特定的节奏、要求与方式去生活、工作、学习、健身、休息。比如，我们每天按照时钟滴滴答答的节奏活动。到时间，该休息了；到时间，该起床了；到时间，该读书了；到下午6:30，要参加陈老师今天的讲座了。对不对？一切的生活与节奏都反自然了，即人为化、人工化、机械化了。

整个自然包括我们的自然本性，似乎都消失了。这是一个很大的问题。但是，自然，包括我们自身的自然性，那个自然的逻辑，是否真的消失了，能够真的消失吗？

其实，所谓自然的终结，只是一个表象、一种幻象。自然的逻辑，人的自然本性，始终会存在，也会以特定的方式表现出来。只不过是以问题、风险、破坏的方式表现出来而已。

我们可以强调文化的逻辑，强调摆脱自然状态、克服自然属性，强调人的逻辑，一种加引号的与自然无关的人的逻辑。但是当世界的整体性被破坏、生态性被异化之后，这个世界实质上作为一个自然会以反制、破坏的方式体现其存在感的世界。当人以对立的方式对待自然、包括人自身的自然时，自然也以对立的方式对待人。于是，风险社会、世界风险社会来临了。

世界是一个由各要素构成的相对均衡的生态有机体。我们却把其中的某一板块、某个部分做得过大，使它无限增长，然后导致整体面临轰然倒塌的风险。就像一棵树，它的根茎、根系就这么大，如果让树冠无限增长，结果会怎样？好看是好看，但有一天，一股大风吹来，树也就倒了。也像盖楼，基础、承载力就这么大，本来只是5层楼的地基，你非得盖50层，还没盖到一半，这个楼可能就塌了。所谓的自然逻辑反制人的逻辑，说的正是诸如此类的现象和问题。

三、风险社会的影响与后果

现代风险的后果与影响具有综合性，对政治、经济、社会、文化、生态、心理等都构成影响。

比如，我们正在遭遇的新冠肺炎，你说它到底是哪一个领域的问题？什么性质的风险？对什么领域有影响？这是一个非常复杂的问题，具有综合性的后果。很难说是它只是经济风险，只影响经济；或者说只是政治风险，只影响世界政治；或者说它只是生态风险,只重塑人与自然的关系;或者说只是社会风险,只影响人们之间的关系与交往;或者说只是心理风险,只影响人们的心理。

新冠肺炎疫情,不是简单的人与自然的关系问题,也许该病毒已经存在于自然若干万年了。它对人类产生影响或许同人类的行为有关,可能是因为人们行为过度越界、没有限制,侵入了病毒的领域而触发。而问题一旦触发,就会对人类社会的所有领域、所有环节构成重大影响。

可以说,现代风险往往是一种由人们的综合行为所导致,并对人类文明所有领域都有影响的综合性风险。任何一种具体的风险都不会单纯源于某个领域、某个环节,而是涉及甚至源于现代社会整体运行机制、方式的风险。

正如贝克所说,"危险成为超国界的存在,成为带有一种新型的社会和政治动力的非阶级化的全球性危险。"每个人都受到影响,所有人都处于风险的火山口上,人们似乎失去了本体性的安全感。现代风险的后果是综合的,危及人的生命,破坏安全、秩序,导致发展停滞,造成心理危机,让人们觉得不适、焦虑甚至无望。

风险同现代社会如影随形,人们设计得再完善、管理得再严格,总会有新的风险出现,防不胜防。什么叫如影随形?就是说,我们的管理再严格,预防得再好,风险、问题也总是会出现。就像现在的汽车,非常先进,但是总会发生车祸。飞机应该说是安全系数最高的,但飞机也不是绝对安全。

虽然安全性在不断提高,但人类可能永远会和风险伴随,风险永远是我们的一个影子,是文明的另一面。有光明就总有影子。"无影灯"对文明来讲,是没有的。不管人们如何选择,总无法完全摆脱风险。

现代社会的风险破坏强大，任何一个微小的风险，都可能造成巨大的社会破坏、心理影响。你说这冠状病毒多么小，看不见摸不着。但是它破坏力到底有多大？正在引致全球洗牌，甚至全球经济停滞，几乎给世界发展按下了暂停键。所谓蝴蝶效应，讲的正是微小的因素在条件适合时，会造成重大后果、重大的问题、重大的破坏。病毒比蝴蝶小多了，但影响并不比蝴蝶小。

贝克认为，现代风险的影响是全球性的，往往会影响整个世界。这个世界在成为城市世界的同时，也在成为以城市为风险节点的全球风险社会。所以需要全球团结起来共同应对，需要一种共同体意识，面对风险的共同体意识。刚才我们讲到人类命运共同体。命运共同体最起码在两层意义上存在：第一，取得发展成就时，大家分享；第二，遭遇问题时，大家共同承担。

现代社会的风险具有一般性，今天只是以疫情作为例子来分析。其实不管是哪种风险，其后果都是非常严重的。人类的价值目标可以归为两个：一是生命，二是自由。有的人为了生命，选择放弃自由；有的人为了自由，选择放弃生命。生命与自由构成一种张力。风险对生命与自由都会形成危害，加大了人们选择的难度。

具体而言，现代风险的危害与影响主要在三个方面。

其一，最大的危害是会同时性地危及所有人的生命和安全。当人们为了自由放弃生命、为了整体而放弃个体生命时，是希望以个体的牺牲求得整体的持续存在，以目前的牺牲换取长期的生存。但是面对危及所有人生命的风险时，我们又该如何选择呢？是否有选择的机会呢？现代风险的最根本危害正在于挑战了人们的本体性选择，从根基处挑战了人们的安全感，让人们从本体论层面、整体论层面失去了安全感。当然，一般的风险、日常的风险往往到不了这个程度，但毕竟有这个可能，如核风险、病毒风险。

其二，破坏社会运行的秩序打乱了已经形成的生活、工作等节奏，破坏了社会运行的确定性。有秩序，生活就是可预期的；没有秩序，一切都会乱掉。当所有的东西都成为不可预期的时候，事情就会很麻烦。本来，我们上课、下课、上班、下班，有其节奏。现在整个要重新建构一个新秩序、新的节奏。比如，疫情期间就需要以网课的形式重构学习与教学的秩序。破坏了秩序，会导致发展的停滞。疫情会导致诸多国家 GDP 的增长变成负数。这不仅是停滞了，而且是倒退了。当然，我们希望只是暂时性的倒退。

其三，对人们心理的伤害很大。现代人日益重视心理问题，风险会造成很多的心理的不适，如焦虑、无望、烦躁、无助、做什么事都觉得没劲、无所适从等。我想，处于疫情中的我们多多少少都会有些心理不适。疫情告诉我们，风险发生后，对每个人都有影响，甚至会改变一些人的生活态度、生活价值观。所以贝克说，现代社会的每个人都处于"文明"的火山口上。这里的文明加引号，也就是风险、不确定性、问题的意思。就像什么呢？我们荡秋千。你不会想到坐着的板子是有问题的，但是突然发现板子没有了。我们只能两只手抓着绳子在那儿荡。风险来临时，感受或许就是这样。荡着荡着秋千，板子没有了。这会造成多大的恐慌，多大的心理伤害？

四、风险社会的成因与应对

那么，风险是如何生成的？又应该如何应对？

在贝克看来，风险是一种"人为的不确定性"，其根源在于人们"有组织的不负责任"的行为和制度。"工业社会通过其体制而使自身变得不稳定。连续性成为非连续性的'原因'。""在现代化的进程中,生产力的指数式增长,使危险和潜在威胁的释放达到了一个我们前所未知的程度。"现代风险同现代的政治、社会结构、运行原则等内在相关。

这里讲的是一种集体行动的逻辑,即个体行为与集体结果不统一。我们每个人都在理性地思考、更理性地作为,把局部都打理得挺好,但在总体上却是没有理性的,对整体层面上的问题没有人真正负责。斯密说过,每个人都追求自己的利益,最后会导致整体利益的最大化。但在贝克看来,情况好像不是这样。除非有一种自觉的机制和自觉的集体行动,否则个人理性会导致整体非理性。个人利益最大化可能会导致集体利益的最大化,也可能会导致整体的破坏。

在我们学校推荐的阅读书目中,有一本叫《集体行动的逻辑》,建议大家读一读。风险的成因有很多,其中一个很重要的原因正是集体行动的逻辑。多年前有一首歌唱道:"只要人人都献出一点爱,世界将变成美好的人间。"关键在于,如果没有实际上的压力,没有正向或者反向的激励,人们往往不会去做有利于整体的事情。这就是集体行动的悖论。有组织的不负责任就是这样:局部有组织,整体无组织;每个人都属于一些小的集团,都不去关注公共利益。这个道理也就是我们经常会听到的一句话:"各人自扫门前雪,莫管他人瓦上霜。"说的就是大家都希望享受外部性,而不愿意为公共利益付出。

在贝克看来,现代社会是以进步、理性、个性、自由、专业等为原则或力量的。但是,这些原则或力量在推进中有一些越界了、过度了。比如，理性变成了以个体为本位、为自己的利益的算计。但是算来算去，最后算的是芝麻，把西瓜给丢了。理性变成了算计，变成了对整体的无知，成为理性的无知。正是这些日益走向自大的人，成为现代性风险的制造者。理性的异化是风险的重要成因。

现代社会的一个重要特点是**标准化**。标准化对推进文明的进步、社会的发展起到了巨大作用，也往往成为文明的尺度。但问题在于，标准化是不是意味着只有一个绝对的、唯一正确的标准？比如，有无标准的身高、体重、容貌？现在大家都很注重保健、健身，经常会有专业人士或专业文章告诉我们，标准的身高体重比是多少，标准的体脂率是多少，标准的血压是多少，标准的五官比例是什么，等等。按照这种标准，最后我们会发现，我们每个人都是病人，身体不健康，长得也不行，都应该治疗，甚至整容。我不是反对健身、保养，而是认为，这样一个绝对的标准化，以唯一标准为导向的观念和行为，会放大甚至制造诸多的风险。

同标准化相关的是**专业化**。现代社会是一个日益专业化的社会。人们在不同的领域从事不同的专业。通过专业化的研究与实践，人类文明不断取得进步。但我们也会发现，在实际运行中，一些所谓的专业领域变成了由特定的人所把控的山头、圈子。不同的专业人士之间是一种竞争甚至战争的关系。同行是冤家，说的就是这种情况。所谓的专业人士可能追求的不是科学、真理，而是利益。这是一种专业的异化，加深、制造了很多的风险。专业化的另一个问题是，现代社会被分为不同的专业、不同的领域，一个领域、专业不能僭越到另一个领域发表所谓的专业意见。比如，演员是表演领域的专业人士，他不应该就其他问题发表专业意见，如推荐食品、药品等。专业人士跨界发表所谓专业意见，也是造成现代社会风险放大的一个重要原因。

同专业化相关的是**权威**。这是一个日益需要权威的时代，遇到问题了，请教一下权威的意见，请权威出来说说，是一个常见的办法。但现在的问题是，不同的权威提出的意见往往并不相同，我们应该相信哪一个权威？哪一路权威？如果权威的意见让我们失去自信，失去了独立的判断，就会造成更大的风险。所以应对风险时，不会因为我们以失去自信为基础相信权威而获得成功。在这样一个知识、信息等日益普及化的时代，用传统的专业、权威路径，可能已经无法真正地应对风险。

当然，我也不是主张专业无用、无政府主义。在我看来，秩序、管理还是很重要的。现代城市，大量人口聚集在一起，当然需要有基本和良好的秩序。行政人员、管理人员的重要价值就在于维护集体行动的秩序，为发展等奠定基础。正如集体行动的研究者们所揭示的，小型集体容易形成有共同目标的集体行动，大型集体则比较困难。那么，大型集体如何才能良性、高效地运行，这就需要管理人员、行政人员。现代社会风险的一个重要成因，不是因为有了管理、行政，而是因为没有更好的管理人员、行政人员。所以，无政府主义、绝对的放任，不是解决风险的办法，而是风险形成和放大的一个重要原因。

找到了原因，也就找到了对策。面对风险社会，可以从以下几方面入手。

（1）树立公共风险意识、风险命运共同体意识。风险是自然与人共同造就的，而应对风险只能依靠人类自身。我们所能做的一个重要工作是，走出狭隘的小我，树立公共意识、共同体意识。

（2）反思文明的推进方式，调整文明的发展方式、发展方向。风险是文明的同生、伴生现象。风险的生成往往是因为文明的发展方式、发展方向出了问题。更为尊重自然、保护环境，营建人与自然、人与人之间的相互尊重，对于应对风险有重要意义。

（3）规范主体行为，重构集体逻辑，推进制度、权力运行的合理化，用制度约束特殊利益集团。

（4）通过合理的选择性激励，营建有约束、有限的主体性。风险的一个根本成因在于人的主体性，人的意识、行为等还存在诸多问题。反思与约束人自身的观念、行为，树立更为合理的工作与生活方式，是应对风险的必需。

（5）规范知识生产、信息传播，防止风险信息的无序放大。风险具有知识性，风险信息具有传染性。既不能漠视风险，故意掩盖风险信息，也不能人为放大风险，导致精神恐慌。

最后需要强调的是，虽然人类文明处于风险之中，但从历史看，文明的前途在总体上还是乐观的。人类正是在不断应对风险的过程中逐渐发展起来的，应该树立一种清醒而乐观的文明观、进步观，不需要因为风险就走向悲观主义。人类文明具有很强的韧性，只要我们共同面对，虽然风险总会出现，但我们总是可以克服风险。

《瘟疫与人》导读

疫病是人类历史的基本参数和决定因素之一。一代历史学家威廉·麦克尼尔从疫病史的角度，以编年的手法，从史前时代写到20世纪前半叶，翔实探讨传染病如何肆虐欧洲、亚洲、非洲等文明发源地，而这些疾病又如何塑造不同文明的特色。他率先将历史学与病理学结合，重新解释人类的行为；他将传染病置于历史的重心，给它应有之地位；他以流畅的笔调、敏锐的推理和高超的技艺，娓娓道出传染病在人类历史变迁和文明发展中所扮演的重要角色。

《瘟疫与人》是威廉·麦克尼尔备受欢迎的一部经典作品，也是宏观论述瘟疫与人类历史关系的史学佳作。《纽约书评》称"此书从此扭转了人们看待世界历史的角度"，《纽约客》则认为此书是"一部真正的革命性作品"。普利策奖得主哈里森·索尔兹伯里盛赞它提出了"富有创新也具有挑战性的历史概念，影响深远"，而历史学家威尔·杜兰特有言："看待历史的崭新观点，我从《瘟疫与人》中受益匪浅。"

《瘟疫与人》，[美]威廉·H.麦克尼尔著，余新忠、毕会成译，中信出版社2018年

学者小传

左鹏,上海财经大学人文学院副教授,曾在《中国社会科学》《唐研究》《复旦学报》《南开学报》《江汉论坛》等刊物发表论文多篇,主讲课程有"中国的环境与社会""大学语文""儒家经典导读""中国文化研究""人文地理专题"等。

人类也是一种传染病吗？

左 鹏

《瘟疫与人》是美国著名历史学家威廉·哈迪·麦克尼尔（William Hardy McNeill，1917—2016）撰写的一部雅俗共赏的学术著作，初版于1976年，其后多次再版，影响深广。麦克尼尔一生著述宏富，杰作亦多，但正如他在此书中文版前言中所说："在我写的所有著作中，无论在历史学家和医生们那里，还是在普通民众中，《瘟疫与人》受欢迎的程度都是最高的。"这部从疫病史的角度来探讨人类文明交流与发展的著作，不仅拓展了我们的知识边界，而且启迪我们认真思考人与自然的相处之道，尤其是在新冠肺炎疫情肆虐全球而依然看不到终结的当下。

一、麦克尼尔简介

威廉·哈迪·麦克尼尔1917年10月31日出生于加拿大不列颠哥伦比亚省的温哥华，2016年7月8日在美国康涅狄格州的托林顿（Torrington）去世，享年98岁。他在多伦多度过童年时光，10岁时随父亲来到芝加哥。1934—1938年麦克尼尔就读于芝加哥大学历史系并获得学士学位,这期间曾担任学生报纸《芝加哥放逐者》(*Chicago Maroon*)的编辑;1939 年他以研究修昔底德和希罗多德的学位论文在芝加哥大学文化史研究委员会获得硕士学位,接着负笈而东,进入康奈尔大学,师从杰出的思想史学家卡尔·贝克(Carl Becker)攻读博士学位。但第二次世界大战的爆发打断了他的学业,1941 年 8 月麦克尼尔应征入伍,在 5 年的时间里,他从列兵成长为上尉。1944 年 4 月,他获任美国驻希腊和南斯拉夫使馆的助理武官,被派往开罗从事情报工作,这里是两国的流亡政府所在地。1946 年退役后,麦克尼尔回到了康奈尔大学继续自己的学业,1947 年获得博士学位,随即返回芝加哥大学历史系,开始了他在母校执教 40 年的职业生涯,直到 1987 年荣休。在此期间,麦克尼尔于 1957 年晋升教授,1961—1969 年担任历史系主任①,1985 年担任美国历史学会主席。

麦克尼尔是一个勤奋而执着的学者,他总共撰写了二三十本著作。最早的一本是 1947 年出版的《希腊困境》,另外还有《西方文明史》《西方的崛起》《瘟疫与人》《人类生境》《追逐权力》《真理的追求》,以及与儿子约翰·罗伯特·麦克尼尔②合作的《人类之网》等,数量既多,质量亦好。《西方的崛起》在 1964 年获得了国家图书奖,这本篇幅长达 800 多页的学术著作长期盘踞在美国非虚构类畅销书榜单的前列,深受读者青睐。1996 年麦克尼尔获得了伊拉斯莫奖(The Erasmus Prize),这个奖项是荷兰伯恩哈德

---

① 大家都很熟悉的历史学家许倬云先生,就是在麦克尼尔担任系主任时期的 1962 年毕业于此。

② 约翰·罗伯特·麦克尼尔(John Robert McNeill)也是著名历史学家,对环境史研究有开拓性贡献。与其父一样,2019 年他也曾担任美国历史学会主席。

（Bernhard）亲王在 1958 年 6 月 23 日设立的，由荷兰非营利组织伊拉斯莫（Praemium Erasmianum）基金会每年颁发给对欧洲文化、社会或社会科学做出突出贡献的个人或机构①。麦克尼尔获得的最高荣誉是 2010 年 2 月 25 日美国总统奥巴马亲自给他颁发了 2009 年度国家人文奖章，这是对他一生笔耕不辍所取得的卓越成就的巨大肯定。

麦克尼尔的这些成就，一方面是他孜孜不倦伏案工作的结果，他觉得要是有一天没有写作，那这一天就被浪费了；另一方面，也受益于他自身的天赋与成长环境。麦克尼尔从小就表现出对历史浓厚的兴趣，或许受到了父亲约翰·托马斯·麦克尼尔（John Thomas McNeill, 1885—1975）的影响。老麦克尼尔是加拿大长老会的牧师、神学家，1920 年在芝加哥大学获得博士学位并留校任教②，以研究教会史闻名，著有《心灵治愈的历史》等多部作品③。10 来岁的麦克尼尔能够超越时间与边界，尝试与身为历史学教授的父亲探讨欧洲中世纪诸王国之间发展的形态与模式，并做出理论性解释。在大学的暑期课程上，著名人类学家罗伯特·雷德菲尔德（Robert Redfield）教会了他以联系的眼光看待世界上的文化与国家，因为它们并不是孤立存在的，而是彼此相连。这一理念贯穿了麦克尼尔

---

① https://www.nytimes.com/1996/12/13/arts/us-historian-william-mcneill-wins-the-erasmus-prize.html.
② 引自 Wikipedia：John Thomas McNeill。
③ 参考以下网页：https://www.christianbook.com/the-institutes-the-christian-religion-vol/john-calvin/9780664239114/pd/239114；https://www.moodypublishers.com/authors/m/john-mcneill/。其作品有 The Celtic Penitentials, History of the Presbyterian Church in Canada, Unitive Protestantism, Makers of the Christian Tradition, Christian Hope for World Society, Medieval Handbooks of Penance, Books of Faith and Power, Modern Christian Movements, and History of the Cure of Souls。他也是"Library of Christian Classics"系列丛书中 Carvin's Institutes 一书的主编。

的学术生涯。攻读博士学位期间,一个偶然的机会,麦克尼尔在康奈尔大学图书馆读到了享誉世界的英国历史学家汤因比所著三卷本《历史研究》,此书对世界文化的分类与理论性解释让他感到前所未有的震撼,由此认识到了自己过去所学的历史只是人类历史极小的一部分,对照之下,读大学时发愿要写的一本大书需要大大地扩充,最终变成了一部真正的世界史著作。而在 20 世纪中叶的美国史学界,所谓"世界史"并不受待见,当时学院派历史学家们只是关注欧洲、欧洲殖民地和欧洲前殖民地的历史,他们中的很多人认为世界史名不副实,因为它不能建立在严格研究原始语言及原始文献的基础上。麦克尼尔,像汤因比和其他少数学者一样,主张世界史方法上的优点超过了其思想上的缺点。他在夏威夷、加勒比海、埃及和希腊的战争经历也进一步激发了他对人类历史的全面认识。

二、《瘟疫与人》简览

威廉·麦克尼尔的《瘟疫与人》初版于 1976 年,其中文版有两种:一种由杨玉龄译,中国台湾天下远见公司 1998 年出版;另一种是余新忠、毕会成译,先后由中国环境科学出版社和中信出版社 2010 年和 2018 年出版。

此书除引言外,共分六章,各章基本按照时间顺序分别阐述从史前时代到现代社会人类与传染病之间互动的历史。在书的引言部分,麦克尼尔首先讨论了历史学家对于传染病的忽略,之所以如此,一方面是传统史学家"对于人类疾病模式发生重大变化的可能性缺乏敏锐的洞察力",有关疾病的记载也残缺不全;另一方面是历史学家更关注人类社会的政治、经济、军事、文化等这些"可预测、可界定且经常也是可控制的因素",而对疾病这类不可预见性的因素则低调处理。然而实际上,"无论过去与现在,传染病都在自然平衡中扮演着至关重要的角色",这就构成了麦克尼尔在本书中所要讨论的主题,即"通过揭示各种疫病循环模式对过去和当代历史的影响,将疫病史纳入历史诠释的范畴"①。

在展开具体的讨论以前,麦克尼尔解释了书中一些关键性的概念:寄生、疾病、疫病等。寄生是来自生物学的概念,指一种生物以另一种生物作为自己的食物的来源和居住的空间。寄生是许多食物链关系中重要而复杂的环节。从这一概念出发,麦克尼尔以生物学和生态学的视角,阐述了寄生物、人类与人类社会之间微妙又复杂的关系,"对所有生物来说,疾病和寄生物几乎无所不在。当寄生物从某个有机体身上成功地搜寻到食物时,对后者(宿主)而言,就是一场恶性感染或疾病"。虽然从远古时代起,人类就逐渐攀上了食物链的顶端,但是"人类大多数的生命其实处在一种由病菌的微寄生和大型天敌的巨寄生构成的脆弱的平衡体系之中。而所谓人类的巨寄生则主要是指同类中的其他人"②。这里的"微寄生",是指"微小生物体(病毒、细菌或多细胞生物),它们能在人体组织中找到可供维生的食物源"。作为宿主的人体面临寄生物的入侵,要么会引发急性疾病而导致死亡(而这也意味着寄生物如果不能迅速及时地找到新宿主,同样会导致自己的死亡),要么会激发免疫反应而杀死寄生物,无论哪种情形,对双方来说都有生存危机。因此,虽然最初的接触可能导致大规模的发病和死亡,但

---

① 威廉·H.麦克尼尔:《瘟疫与人》,余新忠、毕会成译,中信出版社2018年,第3—5页。
② 同上书,第5—6页。

"正如个人与群体为对付传染病而不断进行机能调整一样,各种致病微生物也在不断调整自己以适应环境",于是"人类宿主和病原体之间在经历了许多世代,以及数量可观的族群的长期相互调适后,会产生一种能让双方共容共存的相互适应模式"①。

"巨寄生"发生的情形与此类似。早在远古时期,"同类相食几乎构成人类相邻族群间相互关系的重要内容","后来,当食物的生产成为某些人类社群的生活方式时,一种较温和的巨寄生方式才成为可能"②,即早期的捕食者、掠夺者转变成为征服者,从生产者那里攫取并消费食物,为生产者提供某种不确定的保护,二者形成共生共存关系,这曾经巩固了人类文明史。

无论是微寄生还是巨寄生,寄生物与宿主之间保持着相对均衡,外力的冲击会引发系统的补偿性变化,以最大限度地减缓全面的震荡。但如果这种冲击突破了特定的临界点,也会导致系统的崩溃,其过程与动物消化过程一样,"捕食者把食物中的细胞和蛋白质分解成更小的单元,只是为了把它们合成为自身体内的新蛋白质和新细胞"③,从这个意义上来说,一个社会或文明如果无力应对新挑战,它的衰落或消亡就是以新形式出现在另一个社会或文明中。这一过程对被"消化"的文明来说无疑充满痛苦却很少引人注意,在后面章节的论述中,麦克尼尔提出了自己的批判:"通常情况下,作家们会认为文明(当然是他们自己的文明)的扩张是理所应当的,因为其价值的吸引力不言而喻,令人不可思议的是当代历史

---

① 威廉·H.麦克尼尔:《瘟疫与人》,余新忠、毕会成译,中信出版社 2018 年,第 9 页。
② 同上书,第 6—7 页。
③ 同上书,第 8 页。

学家也这么看。但是考虑到人们对自己成长的生活方式所表现出的一般性依恋,这些自在的社会,如果未曾受到侵扰,它们是否愿意选择融入陌生的社会也是非常值得怀疑的,即便这个社会拥有明显的无可否认的技术、财富和知识上的优势。"① 尽管如此,麦克尼尔也承认,与微寄生物不断寻求合适的宿主一样,人类历史上的文明社会总是倾向于扩展它们的地理边界。随着文化进化、文明社会的交通和交流的变化,往往会改变微型与巨型寄生关系,形成不同的疾病流行模式和新式生物平衡。

史前时代的人类祖先与其他动物一样,处在一种自我调适的、微妙的生态平衡中,"人的生物进化同寄生物、食肉动物和猎物的进化保持同步"②,但是武器和技术的进步、语言的进化,把人类狩猎者推到了食物链的顶端,他们也有了人群之间的自我竞争,但他们并不能实质性地改变生态系统本身。衣服与住房的发明有利于人类抵御极度寒冷天气,从非洲散布到全球,人类这种跨不同气候带的分布,造成不同社群间的"梯度寄生"现象,即"居住在暖湿区域内的人口若前往干冷地区,有可能很少遭遇不熟悉的寄生物,而潜伏于南部暖湿区域内的病原体,则往往威胁着来自寒冷北方或干燥沙漠地区的入侵者";反之,"人类越深入寒冷或干燥气候带,他们的生存就越依赖于他们与大型动植物的生态关系"。③

当地球上大型动物因为人类的猎杀而大量灭绝时,人类不得不找寻可替代的食物作为补偿,开始进入农耕和游牧的时代,从此定

---

① 威廉·H.麦克尼尔:《瘟疫与人》,余新忠、毕会成译,中信出版社2018年,第60—61页。
② 同上书,第16页。
③ 同上书,第26页。

居、灌溉农业、与驯养动物的频繁接触等，既改变了人类社会的疾病模式，出现了人类社会特有的传染病如麻疹、腮腺炎、百日咳、天花等，也改变了人类社会的组织模式，因为灌溉的需要而出现权威性领导，或由掠食者变成征服者建立成功的政府等。文明病造成农村和城市人口的损失，最终会促成其向儿童病转化，拥有了这种生物武器的文明社会在与邻近地区交流时，如战争和贸易等，就会造成传染病的蔓延，可能产生灾难性后果。但是如果后者也拥有同样的生物武器，则可能不会被"消化"掉，比如印度种姓制度的产生，肯定与当地独特的疾病环境有极大的关系。

到公元前500年，各种微型的和巨型的寄生平衡在亚欧大陆诸文明地区都逐步确立下来。在中东地区、古代中国、印度诸帝国和地中海世界，受制于各自的环境和疾病形态，形成了不同的疾病文明圈。每一个疾病圈内的传染病一旦越出固有的边界，都将产生致命性后果。比如古罗马多次遭到瘟疫袭击，基督教因为能够给人提供照顾和赋予生命以意义而兴盛。旧大陆之间的商旅往来，在商品交流的同时也在交换传染病，但传染方式的改变，比如同传染病接触的增加和传染病发作间歇期的缩短，经过近千年的生物性适应，最初相当致命的疫病演化成了地方病。

13世纪之后蒙古骑兵东征西讨的过程中，不仅打破了原来的巨寄生平衡，也提供了鼠疫在欧亚快速扩散的机会，他们先进入云南和缅甸，把这里的鼠疫带回草原，再经过西征带到了欧洲，而地中海与各港口繁忙的航运网络最终为黑死病的毁灭性登场铺平了道路，欧洲人口估计损失了1/3，并在心理、经济和文化层面影响巨大，比如在日耳曼及邻近地区，成群的自挞者疯狂地互相鞭打以及攻击犹太人。在欧洲以外的地方，鼠疫一直是伊斯兰世界不断出现的恐怖力量，亚欧大草原西部的城市迅速衰落，曾经在这里流动的人口也消失了。

哥伦布环球航海发现新大陆之后，欧洲人就开始了在这里的殖民活动，他们输入了旧大陆的动植物，在用枪炮攻打印第安人城池的时候，也带来了一系列旧大陆的传染病，由于美洲大陆的人群对这些传染病基本上没有抵抗力，在随后的120年内（即五六代）人口减损90%，也使得美洲土著人群彻底放弃了他们自己固有的生活方式、文化与信仰，拜倒在西方文明的脚下。美洲大陆人口的急剧减少使很多来自非洲的黑人奴隶被贩运过来，而非洲的一些传染病也随之而来。"在交通运输日益紧密的时代里，交流足以保证所有人类疫病在全球文明人口中循环往复"①，疾病模式的改变、美洲粮食作物的扩展和大炮的传播，成为影响全球历史进程的三个重要因素。

自17世纪下半叶开始，世界人口的数量快速增长；天花疫苗接种也在世界范围内传播，虽然19世纪更先进的汽船和铁路运输加快了霍乱在世界范围内的传播，但人类在医学知识和技术方面都取得了长足的进步，卫生管理也相应改进，国际医学交流与合作达到新高度，医学研究得以对微寄生关系成功控制，许多传染病在它们原本多发且严重的地方呈衰退之势。但现代医学并非无往而不胜，人类社会面对疫病的脆弱依然是不可改变的。

三、《瘟疫与人》的意义与贡献

《瘟疫与人》是一本雅俗共赏、读来令人手不释卷的好书。笔

---

① 威廉·H.麦克尼尔：《瘟疫与人》，余新忠、毕会成译，中信出版社2018年，第182页。

者认为,其主要特色体现在下列方面。

1. 举重若轻,"小"与"大"完美融合

说它"小",一方面是说它的篇幅比较小。同样是探讨世界史或全球史的著作,麦克尼尔1963年出版的《西方的崛起》一书分上下两册,总共800多页,是一本大部头的作品。而《瘟疫与人》的篇幅则很小,翻译成中文后不到30万字,其体量相对而言要小得多。另一方面,它的视角比较小,主要是从传染病与人类互动的角度来切入历史的研究。但是,篇幅小与视角小并不表示此书所揭露的历史事实和真相也很小,相反地,麦克尼尔以宏大的视野、联系的眼光、多学科的知识来观照整个地球上各大洲之间的人类文明,展示了不同历史时期疾病流行与交通路线、人群流动之间的关系。同时,此书所阐述的时间跨度非常大,从史前时代一直讲到其所生活的20世纪70年代。涵盖如此大的空间,跨越如此长的时间,涉猎如此多的学科,却能够以不到30万字的篇幅、从一个很小的视角,有条不紊地、清晰而全面地阐释一个为前人所忽略的主题,显示了作者独到的学术眼力、高超的写作技巧,以及举重若轻的题材驾驭能力。

2. 继往开来,"新"以"旧"创造性升级

《瘟疫与人》很好地继承了前贤世界史研究的传统,也站在他们的肩膀上做出了开拓创新。此书对传统的继承主要表现在两个方面。

第一,《瘟疫与人》是对以往宏观历史(世界历史)研究主题的承续。20世纪晚期以后,随着西方后工业社会的来临、后现代主义思潮的兴起,从事历史研究的学者所关注的兴趣点逐渐转向一些比较小的论题,流行的是"微观史学""自下而上的历史",这是学术思潮由宏观向微观转换的结果。事实上,在此之前的历史学家们把自己

的精力更多地投入探讨宏观的历史、精英的历史。这与整个世界发展的大背景是分不开的。一方面,自18世纪60年代以来,工业革命率先在西方社会发端,从此欧洲各国一直走在世界的前列,他们凭借先进的科学技术不断向外拓展、殖民,彼此争夺势力范围,世界各国因此交往频繁、联系紧密。20世纪之后,以西方文化为主导的人类文明更以几何级数剧烈发展,人类在各个方面都取得了巨大的成就,"西方中心论"大行其道。另一方面,20世纪的人类也经历了两次惨烈的世界大战、多次经济危机,原子弹的发明更让整个地球上的所有生物都笼罩在核毁灭的阴影里,凡此种种,促使学者们以自己的良知严肃而认真地思考人类社会的未来可能会走向何方。

就历史研究来说,其价值一在于促进现实的反思,二在于塑造文化的认同。每一个时代的史学家们通过清理过往的历史事实,以曾经的经验教训,提供人们对当下的省察,达到以历史照亮未来的目的。这就是通常人们认为的历史的借鉴意义。当然,正如德国哲学家黑格尔所说:"人们惯以历史上经验的教训,特别介绍给各君主、各政治家、各民族国家。但是经验和历史所昭示我们的,却是各民族和各政府没有从历史方面学到什么,也没有依据历史上演绎出来的法则行事。每个时代都有它特殊的环境,都具有一种个别的情况,使它的举动行事,不得不全由自己来考虑、自己来决定。当重大事变纷乘交迫的时候,一般的笼统的法则,毫无裨益。回忆过去的同样情形,也是徒劳无功。一个灰色的回忆不能抗衡'现在'的生动和自由。"[①] 回顾历史、借鉴历史,并不是对过去的照搬照抄,而是根据现实情况进行合理应对。这是"历史之用"的一个方

---

① [德] 黑格尔:《历史哲学》,王造时译,商务印书馆1963年,第44页。

面,其另外一个重要方面,是塑造一种文化的认同。人们研究历史、学习历史,可以由此知道自身所处社会、团体、国家或地方过去的情形,知道人们是如何从过去走到了现在,并对现在何以如此找到一种合理的解释,从而使传统得以延续、文化得以继承。20世纪全球化时代的来临,为史学家们以全球视野观照人类文明提供了契机,其中影响比较大的两本书,即德国历史学家斯宾格勒的《西方的没落》和英国历史学家汤因比的《历史研究》,打破了传统史学以国家为单位的研究模式,而把文化作为考察对象,把文化看作一个有机体,其各部分互相联系,又如同自然界的生命一样历经从出生到衰亡的过程;而为了便于对不同文化分析比较,他们分别将世界上不同历史时期的文化做了形态学的分类,斯宾格勒在《西方的没落》中分出8种代表性的文化,汤因比的《历史研究》则分成了26种。麦克尼尔的学术时代,文化形态学风行于人文社会科学界,他在1963年出版的《西方的崛起》一书,也深受二人的影响但又有所超越,此书把人类历史分成三个大的阶段,即中东主导到公元前500年、欧亚文化平衡持续到1500年,此后进入西方主导至今的时代。这种历史发展的模式在一定意义上与黑格尔《历史哲学》的看法异曲同工,而从书名可以看出,他与斯宾格勒针锋相对,一个悲观地谈论西方即将衰落的命运,一个则乐观地认为西方长期的繁盛,其中不乏"西方中心论"的影子,为西方文化统领世界寻求合理性解释,以此建构一种文化认同。与汤因比对世界上各文化相对孤立的看法不同,麦克尼尔持文化联系的观点,在书中花费大量篇幅分析古代中东、印度、中国等非西方的文明。《瘟疫与人》则继续从文化与族群互相联系的观点,透过疫病史的视角,分析世界历史的发展,但其史观与立场则发生了巨大转变,这将在下文另行叙述。

第二,《瘟疫与人》对于前代以及同时代的学术思想进行了有机的整合。比如上文提到的文化有机体论,本是"社会达尔文主义"的产物,19世纪下半叶之后非常流行。其背景是达尔文1859年发表了《物种起源》,提出了生物进化论学说,在社会上造成了极大影响,社会科学界欣然接受了达尔文的"自然选择""适者生存"理论,并把它运用于人类社会研究领域,如英国社会学家斯宾塞提出了"社会有机体论"、德国地理学家拉采尔提出了"国家有机体论",而斯宾格勒则提出了"文化有机体论",这些理论对麦克尼尔产生了一定的影响,不过与斯宾格勒和汤因比对文化有机体衰亡的看法不同,麦克尼尔在书中多次将这一过程比喻为"动物消化过程",他并不认为这是文化的消亡,而是转变成了新的形式。

> "这一过程与动物消化过程颇为近似。首先,邻近社会的组织结构由于战争(相当于咀嚼)和疾病(相当于胃肠的化学和物理消化)的共同作用而崩溃。有时候当地人口会被彻底灭绝,但这不具有典型意义,通常的情况是,在经过同文明社会最初的毁灭性接触之后,残存了大量在文化上无所适从的人。而后,这些人作为'原料'(material),或以个体形式,或以家庭和村落这样的小群体形式,被吸纳进扩大了的文明肌体本身。在与来自文明内部的移民和难民混合一段时间以后,这些人就同文明的政治统一体的其他农村和偏僻地区的人无从区分了。这一历史过程与人类的消化方式颇为相似,即为了让食物的分子和原子融入我们的身体结构,我们会拆解开食物的较大的化学结构。"[1]

---

[1] 威廉·H.麦克尼尔:《瘟疫与人》,余新忠、毕会成译,中信出版社2018年,第59—60页。

这种从生态学能量流动的角度来探讨文化的转化，似乎比文明衰亡论要更符合历史发展的实际的情形。再如文化形态与文化模式，上文提到麦克尼尔 10 来岁的时候，就能够从这个角度来分析中世纪的国家，但在《瘟疫与人》这本书中，他没有像斯宾格勒和汤因比一样，区分出不同类型的世界文化，而是大体按不同的地域来分析，如中东、地中海、印度、中国以及美洲等，或许这是受到了人类学中文化传播理论的影响。

> "尽管曾有过无数的区域性挫折，但受制于文明型组织的地区，确实在世纪的推进中渐趋增多。然而各自独立的文明种类却总是数量有限，根据区分文明种类的标准的不同，有人计为半打，有人算作两打。这么小的数字说明了一个事实，即文明的扩张并不是把此前存在于各地的制度、观念和技术提高到新的更精致的程度，相反，文明通常只是把关键性的文化因素从精致的文化中心地区输出到新的地盘。通常，或许总是，借鉴和模仿比另起炉灶更容易，不过这种情势下，还有另一个因素可以用来解释文明社会比较容易扩张到新地区的原因，即它并非是有意识的政策或巨型寄生方式扩张的结果而是源自微型寄生方式的推动。"①

这段话侧面回应了斯宾格勒和汤因比的文明形态分类，但是更强调文化传播的作用。当然，读者在书中可以随处见到汤因比"挑战-应战"理论的运用，如瘟疫对传统习俗和信仰的瓦解，是因为瘟疫的幸存者们不能从中有效地应对这些灾难。

---

① 威廉·H.麦克尼尔：《瘟疫与人》，余新忠、毕会成译，中信出版社 2018 年，第 58—59 页。

作为全书立论的基础，生物学、生态学和病理学的知识给麦克尼尔提供了强有力的视角和方法上的支持，尤其是生态学中的生态系统理论，赋予了麦克尼尔对自然与文明的整体观和关联性思维，在这一方面他超越了斯宾格勒和汤因比，如果从生态学的角度来看待三人对文明形态的研究，似乎可以认为麦克尼尔做的是生态系统生态学，而斯宾格勒和汤因比做的是个体生态学或种群生态学。

以上提及的学术思想，无论是文化有机体论、文化形态-模式理论、文化传播学说或生态学、病理学的知识，都为麦克尼尔时代的学人所习知。但或许多数人只知其中的一种或数种，难以用多学科的视野将这些思想加以有机整合，因此一旦麦克尼尔做出了这种示范性的工作，后续就有大量学者跟进研究，从而开拓出了一个全新的学科发展空间，这就涉及《瘟疫与人》一书的开创性贡献。

《瘟疫与人》的开创性贡献之一是史观的突破。史观，即历史演进的法则，比如我们怎样看待历史，认为是什么力量推动了历史发展。在人类历史上，人们对历史的认识，曾经有神意史观，即认为人类命运都是由神的意志所决定；有英雄史观，即认为历史上起决定性作用的都是那些古往今来的英雄人物，认为是他们主宰了历史、创造了历史；有文明史观，即认为人类社会发展史，实际上是人类文明演进的历史。马克思主义则奉行唯物史观，认为经济基础决定上层建筑，是人民群众创造了历史。这些思想从本质上来说，都是以人为本位的。而《瘟疫与人》则把自然作为人类社会发展的重要因素，打破了以人为中心的历史观念，形成了文明的生态系统观。

"在机体组织的各个层次（分子、细胞、生物体和社会）上，我们都可以碰到均衡模式。在这种均势中，任何来自外力的变动都会引发整个系统的补偿性变化,借以最大限度地减缓全面的震荡,当然,如果变化突破了特定的'临界点',也会导致原有体系的崩溃。此类灾难,既可能将原系统分解成更简单、更微小的单元,这些单元又都各自形成自己的平衡模式;或者相反,将原有相对较小的单元组合成更大或更复杂的整体。实际上,这两个过程也可能同时存在。"①

在此我们可以看到,在生态系统论观照下,自然界的生物体和人类社会都处于一个大的系统中,当受到外力冲击时,系统会有相应的应对与补偿机制,以保持整个系统的平衡。这一主题在全书的论述中占据了相当篇幅,也大大地刷新了我们对人类社会结构和文明形态的认识,比如麦克尼尔对印度种姓制度的解释:

"比起亚欧大陆北部诸文明更为统一的构造,印度文明的文化统一性和社会凝聚力始终较弱。有人可能把印度文明的这一特殊性归结于概率使然或有意的选择。概率和选择可能在形成种姓原则上真的起了作用,但印度文明在早期扩张阶段所面对的独特的疾病环境肯定也与此有极大的关系。这种制度以不同于别处的方式形塑了印度文明的社会结构。"②

将印度种姓制度归结为概率使然或有意为之,显然不如从当地特殊的地理环境以及由此形成的疾病梯度模式来解释更有说服力。

《瘟疫与人》的开创性贡献之二,是使世界历史真正成为"世界"的历史、全球的历史。过去的世界史,学者们习惯于以欧洲为

---

① 威廉·H.麦克尼尔:《瘟疫与人》,余新忠、毕会成译,中信出版社 2018 年,第 7 页。
② 同上书,第 63 页。

中心来讨论世界的历史，其内容也就是欧洲的历史、欧洲殖民地的历史、欧洲前殖民地的历史，虽然经过了斯宾格勒和汤因比的批判，但史学界对此还是怀有根深蒂固的偏见。另一方面，人们并没有真正认识到人类社会彼此的关联性，因此所谓的世界史在一定意义上就是分散的世界国别史，缺乏整体的联系的观念。而从《西方的崛起》开始，麦克尼尔就致力于从文化与国家之间彼此联系的角度来改变以往的这种状况，《瘟疫与人》继续了这一工作，它使得世界史真正成为一个彼此有机关联的整体的历史。而且，以往的研究只是关注不同族群发生接触时彼此的文化交换，麦克尼尔在《瘟疫与人》中强调了疾病之于世界历史不可忽视却被人所忽略的作用。这可以说是本书的开创性贡献之三，即它以一种新的视角，做了研究方法和研究方向上的引导，从此疾病史不再仅仅是疾病本身的历史或疾病认识史，也是疾病的社会文化史。与此相关联，环境、生态等自然因素进入了历史学家的视野，自然科学、社会科学和人文科学的理论与方法被大量地运用于历史研究。我们可以看到，《瘟疫与人》这本书出版之后，环境史学、生态史学等新的史学分支越来越得到人们的重视，历史研究面貌焕然一新。

对于普通读者来说，《瘟疫与人》是一本雅俗共赏、史情与史理兼备的好书。麦克尼尔在书中涉猎了广阔而深厚的知识领域，足以拓宽读者的知识边界。比如他将疾病史的知识引入对历史事件的考察，让我们看到了伯罗奔尼撒战争中，雅典因遭遇了新疫病，导致雅典人道德沦丧，陆军损失了大约1/4，雅典社会再也没有恢复过来，最终败给了斯巴达人。麦克尼尔由此感慨："如果雅典胜了那场战争，地中海后来的政治史将多么不同！而事实是，置于人类历史的时间尺度中，延续不过三代的雅典帝国的寿命却远不及公元前

430—前429年那场瘟疫在病原体的时间尺度上来得更长。"① 而类似的历史又在欧洲殖民者到达美洲后重演，印第安人遭遇了来自欧洲的传染病，同样使得他们对自己既有的制度、观念和信仰彻底崩溃，知识和技术也随之消失。"而西班牙人把自己的语言和文化带到新大陆，使其成为标准，甚至包括在几百万印第安人一直按自己的标准和习俗生活的地区。"②

在《瘟疫与人》一书中，麦克尼尔展现了他非凡的历史想象力，对读者也富有启迪作用。此书在撰写时面临既有研究严重不足的困境，但是麦克尼尔却能够凭借坚实的生物学、病理学知识，重建人类对于疾病的适应过程和疾病对于人类社会的影响，比如讨论疾病的地方化问题，由于资料的匮乏，要想获得对这一问题的认识就非常困难，但是麦克尼尔利用澳大利亚野兔的例子，做了相当成功的解释。英国殖民者在1859年把野兔引入澳大利亚，没料到这个新物种在缺乏天敌的情况下数量剧增，吃掉了本应属于绵羊的草料，导致澳洲农场主收益缩水，他们却一直难以应对，直到1950年成功地将多发性黏液瘤病毒植入野兔群，才看到了事情的转机。野兔仅仅在一个季节就被大规模地感染，而且第一年的死亡率高达99.8%，第二年降到90%，7年以后则仅为25%。"显然，非常有力的和迅速的自然选择分别在野兔和病毒当中发生了，采自野兔身上的病毒样本，其毒性在逐年降低。"但是野兔的数量降低到了引进多发性黏液瘤病毒之前的1/5左右，考虑到"野兔从出生到生崽只要6—10个月，按每代人25年计算，野兔的3年相当于人类的

---

① 威廉·H.麦克尼尔：《瘟疫与人》，余新忠、毕会成译，中信出版社2018年，第87—88页。
② 同上书，第167页。

90—150年。换言之，人类和野兔需要大致相当的代际时间来适应致命性的新疾病。"这样读者就看到了，当各种病毒和细菌性寄生物与人类接触以后，其初期一般会导致宿主和寄生物的大量死亡，但"只有当双方从最初的接触当中存活下来，并且通过适当的生物的和文化的调适达到相互容忍的关系时，一种稳定的新疾病模式才算确立"①，这也意味着传染病的地方化的完成。

同样，《瘟疫与人》一书对历史的解释也新颖而独特，颇能揭示历史隐幽。地中海世界在历史上曾多次遭到疫病的"光顾"，疫病总是带来毁灭性后果，如人口减少、经济衰落、国家军队和官僚体系的破坏。面对公元2—3世纪的瘟疫，麦克尼尔认为它促成了基督教的兴起和巩固，因为此时大部分社会组织丧失信誉，不能给人提供温馨的照顾和生命的意义。"对于罗马帝国的被压迫阶层而言，这种从容应对瘟疫恐怖和心灵创伤的无与伦比的能力，正是基督教的重要吸引力所在。相较而言，斯多葛派和其他异教信仰，由于强调非个人过程和自然律，因而无力解释死亡突然降临到老人孩子、富人穷人、好人坏人时的明显的随意性。"②但是所谓成也萧何，败也萧何，面对14世纪的黑死病，基督教却遭遇了极大的危机，理性神学的信仰崩溃，享乐主义和各种颇具宿命色彩的异教哲学复兴，固有的宗教仪式和管理措施无能无奈，促成了后来的新教改革运动。而传统观点对此的解释，往往归结为基督教本身的腐化堕落、与王权的斗争和人文主义运动兴起等，因此麦克尼尔指出："毋庸置疑，从中世纪到文艺复兴的价值变迁，绝不可能仅仅取决

---

① 威廉·H.麦克尼尔：《瘟疫与人》，余新忠、毕会成译，中信出版社2018年，第47—49页。
② 同上书，第100页。

于瘟疫；然而，瘟疫流行以及城市当局应对瘟疫的成功方式，肯定对欧洲意识形态的划时代转变发挥过重大作用。"①

四、结语

20世纪70年代，基于医学水平提高和技术进步，当时整个世界雄心勃勃地期待人类终将有一天会完全攻克由病毒和细菌性微生物引发的传染病。针对这一乐观的看法，在本书的最后，麦克尼尔提出了自己相对悲观的意见，"技术和知识，尽管深刻改变了人类的大部分疫病经历，但就本质上看，仍然没有也从来不会，把人类从它自始至终所处的生态龛（作为不可见的微寄生关系和一些人依赖另一些人的巨寄生关系的中介）中解脱出来"。因此，尽管"技能、知识和组织都会改变，但人类面对疫病的脆弱，则是不可改变的。先于初民就业已存在的传染病，将会与人类始终同在，并一如既往，仍将是影响人类历史的基本参数和决定因素之一"②。的确，根据现有的科学知识，宇宙大约起源于137亿年前，地球大约形成于46亿年前，现代人类大约出现于25万年前，人类文明大约初现于1万年前，工业革命大约开始于260年前。比较一下这些数字，现代人类出现的时间相对人类个体的寿命而言似乎显得特别漫长，但与宇宙和地球的历史相比实在是微不足道。有人将地球的历史浓缩为一天，发现人类仅仅是在最后的一秒才出现！但是人类在近300年以来对地球环境的改变，却可以用翻天覆地来形容。地球上

---

① 威廉·H.麦克尼尔：《瘟疫与人》，余新忠、毕会成译，中信出版社2018年，第152页。
② 同上书，第237页。

的其他生物因此失去了生存空间,甚至走上了灭绝的道路!正是基于这一点,麦克尼尔在《瘟疫与人》中不无幽默地说道:"把人类在与其他生命关系中的生态角色视为某种疾病,这并不荒谬。自从语言的发展使人类的进化冲击由来已久的生物进化以来,人类已经能够颠覆此前的自然平衡,一如疾病颠覆宿主体内的自然平衡。当人类一次又一次蹂躏别的生命形态到达自然极限时,往往就会出现一种暂时稳定的新关系……所以从别的生物体的角度看来,人类颇像一种急性传染病,即使偶尔表现出较少具有'毒性'的行为方式,也不足以建立真正稳定的慢性病关系。"① 然则人类何以与自然相处?何以与地球上的其他生命相处?这是麦克尼尔《瘟疫与人》一书留给读者的思考。

---

① 威廉·H.麦克尼尔:《瘟疫与人》,余新忠、毕会成译,中信出版社 2018 年,第 19 页。

《孟子》导读

《孟子》是儒家学派最主要的代表人物之一,他继承和发展了孔子的学说,被后人尊封为"亚圣",与孔子合称"孔孟"。所著《孟子》七篇十四卷,为《四书》之一,内容丰富,涉及政治、哲学、伦理、经济、教育、文艺等多个方面,对后世影响深远。

《孟子译注》,杨伯峻注译,中华书局2008年

学者小传

刘旻娇,女,上海财经大学人文学院讲师,复旦大学哲学博士,主讲"孟子导读""中外伦理学原著导读"等课程,在《哲学研究》《哲学动态》等核心期刊发表多篇论文。

《孟子》导读：以义利之辩为例

刘旻娇

儒家思想在中国历史上的地位不言而喻。孔子为儒家思想的开创者，也被后人尊为孔圣人。继孔子之后，第二位备受后代儒者推崇的就是被誉为"亚圣"的孟子。孟子的思想主要记载在《孟子》一书中。与《论语》不同，《孟子》中尽管也有大量的对话，但不再以格言为主要形式，出现了较长篇幅的论辩。与孔子风度翩翩的儒雅君子形象也略有不同，孟子以"好辩"著称，气质高昂自信，"舍我其谁"的"浩然正气"也为后世所向往。是以，阅读《孟子》，一方面要领会在思想史上孟子对儒家核心命题的证成推进，另一方面也可用自己的良心本心体会孟子的精神境界。思与心并用，方可得其真谛。

一、孟子生平简介

为了对《孟子》一书的整体内容有较好的把握，我们首先要对孟子的生平事迹有大致的了解。孟子和孔子一样，也是幼年丧父，由母亲抚养教育长大。孟母作为中国历史上最著名也最杰出的母亲之一,留下许多脍炙人口的故事,如孟母三迁、孟母断织等。孟子的母亲对孟子的影响很大,这在《孟子》一书中也有迹可循,有兴趣的读者不妨在阅读时找一找和孟母相关的故事材料。孟母在教育孟子的过程中,特别注重环境对孩童成长的影响,注重培养孟子的道德品质,以身作则,教会了孟子重义守信、严于律己等品质,是慈母兼严母的典范。孟子看重家庭作为道德发生起点的重要性,可能也是受到母亲影响。

《史记·孟子荀卿列传》记载:"孟轲,驺(或邹)人也。受业子思之门。道既通,游事齐宣王,宣王不能用,适梁,梁惠王不果所言,则见以为迂远而阔于事情……退而与万章之徒,序《诗》、《书》,述仲尼之意,作《孟子》七篇。"孟子具体的生卒年不详,大致可推断他生活的时间约在公元前 385 年至公元前 304 年间。① 按照《史记》的这段记载,孟子继承的是子思的思想脉络,子思为孔子之孙,为《中庸》的著作者,所以学界中常把孟子与子思并称"思孟学派"。这一说法并非全无争议,但阅读《孟子》之时,也可和四书中的《论语》《中庸》《大学》互相参考借鉴。

孟子学成之后,大约在 30 岁开始讲学。在周游列国之前,孟子的学徒已然众多,在《孟子·滕文公上》也有记载,跟随孟子的学生"后车数十乘,从者数百人"。所以《孟子》中经常出现和学生的研讨和对话,诸如文本中出现的公孙丑、万章、公都子等人都是孟子的学生。自大约 40 多岁时,孟子先后游历了齐、宋、鲁、滕、魏(梁)等国家,向诸侯王推荐他的仁政学说。这

---

① 关于孟子的生卒年和师承关系,还可参考杨伯峻,《孟子译注》(导言),中华书局 2010 年,第 1—2 页。这里仅介绍学界通常认可的相关说法。

些历史事迹也都可以在《孟子》一书中找到线索。《孟子》一书除了记载孟子和学生的对话之外，有大量游说各王的对话记录。在阅读时，我们需要注意孟子对话对象（比如齐宣王、梁惠王等）的背景知识，这样可以帮助我们更好地理解文本内容。总的来说，孟子政治游说的主题就是要实行"仁政"（或"王道"），与"仁政"相对的则是"暴政"或"霸道"。我们熟知的一些重要议题，如王霸之辩、义利之辩、民贵君轻等多出现在孟子与诸侯王的对话之中。

孟子曾经寄希望于齐国的齐宣王，认为齐宣王有希望能成就王道政治，后因齐宣王没有听从孟子劝告，以"不义"的动机趁乱攻打燕国，最后损失惨重。孟子对齐宣王倍感失望，含恨离开了齐国，晚年回到邹国，著书立说，完成了《孟子》这本书。这就是孟子大致的生平事迹。

二、《孟子》中的核心议题

《孟子》中虽然已经出现了针对某个议题所做的长篇论述，但总体来说，围绕某个主题作文论证的形式还没有出现。所以每段文本讨论的内容各有侧重，整本书读来较为零散。同一主题可能会分散在各个不同的章节中予以讨论，这就需要读者自行将这些零散的论述加以联系、归纳、整理，互相佐证，以求得更全面细致的理解。总体来说，这也是阅读中国古代思想文献会遇到的共通问题。因此，在阅读之初，大致了解《孟子》整本书所涉及的几大核心议题，有助于我们在阅读中更结构性地、整体地把握主旨。

比如，我们可以把《孟子》一书中涉及的思想命题分为五类：**政**

治哲学问题、社会经济问题、天人关系问题、人性学说问题、道德修养问题。每一类问题我们可选取一个核心命题来整理归纳,比如,(1) 政治哲学——"仁政"(或"王道");(2) 社会经济——"恒产"与"恒心";(3) 天人关系——"尽心""知性"和"知天";(4) 人性学说——性善论;(5) 道德修养——"浩然正气"。① 由于篇幅有限,我们就孟子的政治哲学予以简要介绍,并集中以孟子的义利之辩为例介绍阅读古典著作的方法。

三、孟子的"仁政"说

谈到"仁政",我们能够大致想到就是爱民如子、贤德在位等特征。但如果要比较清楚地了解"仁政"的特色,还需要对比在战国时期常常出现的另外几种政治类型:"暴政""霸政"及"法政"。"仁政"通常是和这几种政治制度对比出现的。

显然,"仁政"与"暴政"截然相反。在孟子与梁襄王的对话中,梁襄王问孟子:"天下恶乎定?"孟子回答:"定于一。"王接着问,"孰能一之?"孟子答:"不嗜杀人者能一之。"(《孟子·梁惠王上》)

在孟子看来,战国时期纷争不断,各诸侯王都热衷于以武力战胜侵吞他国。战乱中百姓受苦最多,伤亡最多,这就是"暴政"的特征。儒家最反对的暴君桀、纣也是如此。暴政的典型特征就是不爱护百姓,使得人民的生命安全得不到基本的保障。值得注意的是,"暴政"不仅仅指好战,即发起战争让百姓无辜送死,也包括

---

① 这里的主题分类只是便于我们梳理孟子文本,但并不是唯一的对文本的概括方式。

过度地压迫、奴役人民。孟子以为,"以政杀人"与用刀杀人没有区别。"庖有肥肉,厩有肥马,民有饥色,野有饿莩,此率兽而食人也。兽相食,且人恶之;为民父母,行政不免于率兽而食人,恶在其为民父母也?"(《孟子·梁惠王上》)君王就是为民父母,如果自己饱食终日,却民不聊生,这就相当于"以政杀人",是最为恶劣的"暴政"。"仁政"则相反,君王要保障百姓的生命安全,让普通人有饭吃、有衣穿,像父母一样养育自己的人民,就会得到百姓的拥护。在孟子看来,由于在那个乱世中,能做到这一点的诸侯王已属不多,所以孟子用久旱逢甘霖来比喻王者出现将得到的拥戴,"七八月之间旱,则苗槁矣。天油然作云,沛然下雨,则苗浡然兴之矣"(《孟子·梁惠王上》)。真正仁善的王者得到越来越多的人的拥护,百姓自愿为之作战,那么,离统一天下也就不远了。

"仁政"(或"王道")与"暴政"的差别是不难理解的,然而,相关的讨论却在《孟子》中反复出现,并非出于理论上的需要,而是出于一种现实性的担忧。因为根据当时的社会状况,诸王都在奴役百姓为之赴死作战,因此,孟子的"仁政"观就显得颇为不合时宜,但也正是孟子的这种"为生民立命"的担当意识使得儒家思想散发出人道的光辉。确切地说,仅仅是"不嗜杀人"并不足以称为"王者"。① 与"王道"相对的还有"霸道"。相较于"王"与"暴"的区别,王霸之辩就复杂困难得多了。王霸之辩不仅是孟子政治哲学的核心议题之一,也是贯穿在漫长儒学传统中的重要问

---

① 虽然在文本中,孟子认为"不嗜杀人"者就能统一天下,并不代表"不嗜杀人"就是王者全部的内涵。这个结论的前提条件可能正在于"今夫天下之人牧,未有不嗜杀人者也"。

题。这里,我们通过《孟子》书中的内容简要介绍一下孟子对于王霸之辩的主要看法。

如果说暴君的主要代表是桀和纣,那么"霸"的主要代表则是春秋五霸的齐桓公和晋文公。暴君嗜好杀人,统治期间民不聊生,人民连基本的生活保障都没有,因此不会得到拥护,最终走向灭亡是必然的。但是霸者不同,在霸者的统治下,国家往往比较昌盛,政治实力、外交实力、军事实力都很强大。在孟子的政治游说过程中,不少有雄心抱负的诸侯王都以效仿五霸为目的,甚至直接向孟子请教齐桓、晋文之事,但孟子对此则颇为不屑,回答说:"仲尼之徒无道桓、文之事者,是以后世无传焉,臣未之闻也。"(《孟子·梁惠王上》)

那么,为什么孟子会不屑"霸道"呢?简单说来,有如下原因。首先,霸者假借"仁义"为手段,而不以"仁义"为真正的目的。孟子中有一段"五十步笑百步"的典故。有一日,梁惠王说:"寡人之于国也,尽心焉耳矣,河内凶,则移其民于河东,移其粟于河内。河东凶亦然。"(《孟子·梁惠王上》)然后,他就问孟子,自己已经比邻国做得好多了,怎么自己的百姓不比邻国变得更多呢?孟子则回答,打仗的时候,逃跑五十步和逃跑一百步有区别吗?如果都是逃跑,怎么五十步能笑百步呢?孟子举的例子说明,如果所谓的照顾体恤百姓的根本动机并不是"爱民",而仍然是把百姓当成满足自己私欲的工具,那么政策的性质就并没有发生改变。无论是比较温和的养民以备不时之需,还是比较恶劣的穷兵黩武,性质都是相同的。这也就是"由仁义行"和"行仁义"的区别。由仁义行者,真正的目的就是仁义,百姓的安居乐业本身就是目的。而"行仁义"者,假借"仁义"之名,最多可以算作比较明智的利己。求"霸道"者，虽然也会关心民生，注重生产，但最终的目的都是实现"四方来朝"的"大欲"，人口增多只是实现这一目的的必要手段。而"仁政"才会长久地将民生放在政治目的的首要地位。那么，相应地，霸者并不注重德行修养，本身缺乏德行，而王者则需要具备较高的德行。同样，在儒家看来，具备较高德行的人才能吸引类似的人才，并能真正做到"知人善任"。因此，"王者"的存在才使得儒家整体的"贤人"政治成为可能。王者不会嫉妒贤能，不会出于对自己政治地位的忧虑而不公正地对待他人，因此也会有更多的贤能之人主动围绕在王者身边。这样形成的聚集效应也使得"王政"更为稳固长久。

另外，很重要的是，在孟子看来，霸者虽然短期内能够取得政治成就，但从长远来看，却是破坏社会稳定的罪魁祸首。在《孟子·告子下》中，有一段对五霸之罪的评价："五霸者，三王之罪人也；今之诸侯，五霸之罪人也……五霸者，搂诸侯以伐诸侯者也，故曰：五霸者，三王之罪人也。"在孟子看来，五霸的实质就是通过合纵连横等手段，形成强大的军事力量，破坏原有的等级秩序，对其他国家发起"不义"的战争。霸者的强大是以他国的弱小为代价的。霸者的最终目的不是实现所有人的幸福，而是满足自己的为所欲为。霸者对他国的侵犯往往缺乏正义的理由，恃强凌弱，最终造成整个世界和谐秩序的崩坍。孟子最终的政治理想，简单说来，有两条，即百姓安居乐业，社会统一和谐。霸者也许可以为了国力的昌盛暂时会造福自己的百姓，但往往可能给他国的百姓带来灾难；而霸者因为自己的野心破坏社会的和谐秩序，破坏"义"的规则，带来了更严重的战乱，这都是孟子极力反对的。

因此，相较而言，"王道"必须从"仁义"本身出发，真诚地

"爱民如子",把人本身当作目的而非手段。从品行上来说,"王者"具有较高的德行,有道德魅力,能够吸引到贤才,得到人们的长久拥护,并且知人善任,以他为代表的政府人员德才兼备,他管理下的国家长治久安,这就符合孟子的理想了。王者还需要有能"以大事小"和"以小事大"胸襟气度,不以一己私欲破坏社会秩序,抵制不义之战,不行不义之事。

最后则是"仁政"和"法政"的区别。这两者的区别并不是《孟子》文本中本来关心的议题,但是在后代儒者中引发了一些重要的争议,也就是新儒学中讨论的"为政以人"还是"为政以法"的问题。这个问题之所以重要,部分是因为"儒法之争"的兴起。由于随着先秦后期法家思想的崛起,"为政以法"逐渐取得了政治思想的优势地位,而随着秦朝的灭亡,儒学的再度兴盛,"儒法之争"逐渐成为研究中国政治哲学思想不可绕开的话题。同时,受到西方政治思想的影响,重视"法制"或制度管理也是现代政治思想的大势所趋。在此基础上,儒家所讲的"贤人"政治对我们来说变得越来越陌生,但是这又是我们了解像孟子这样的先秦儒者必须知道的背景知识。

孟子生活的时代是奉行君主制的。虽然当时诸侯争霸、"天子"缺位,但每个诸侯国还是各有自己的君主,其下则有各卿大夫辅佐管理。总体来说,孟子对这种政体并无异议。他认为与这种政体最为匹配的制度就是"贤人政治",也就是选拔最符合要求的有能力、有德行的官员从事相关的政治工作。由于在这种政体下,君王会十分依赖贤能之士来治理国家,所以,一方面,君主必须要能够"知人善任";另一方面,君主的权力也要受到一定的限制,要能听从贤者的建议,君主要给予贤者足够的行政权力以让他们发挥才干。

总体而言，这样的国家无论对于君主还是臣子的道德要求都是比较高的。法家因此对儒家就有所批评，认为儒家的圣人百年难遇，如果把天下寄托于圣人的出现上，那是非常不切实际的。总体来说，法家认为人性自私自利，通过利用人性的弱点以法治国，这样才能天下太平、国力昌盛。所以按照法家政治的总体建构思路来看，统治者虽然具有很高的权势，但也不能任意妄为；相反，在某种程度上，所谓"君王"，更多是作为法律的至高权威的代表，而不是体现他个人意志的权力地位。所以，君王必须隐藏自己的偏好，克制自己的欲望。统治者本人的贤能并不是最重要的，他的作用更多是使国家的法律制度彻底得到贯彻实施。这样，"法政"有时就会显得更为冷酷而不近人情，而"仁政"则更有温度，更符合我们的道德直觉。那么就"儒法之争"而言，哪一种制度设计更为合理呢？这不是我们在《孟子》导论中可以解决的问题。但是为了更好地把握孟子的政治哲学思想的总体立场，我们需要知道儒家总体而言更偏向"为政以人"，相信人的品质或智慧才是实现政治成功的关键，而孟子的贤人政治也是"为政以人"的典型代表。

四、我们应该如何阅读《孟子》：以义利之辩为例

谈到儒家，人们首先想到的可能就是"君子喻于义，小人喻于利"（《论语·里仁》），所以义利之辩于儒家思想的重要性毋庸置疑。孟子又是开启这场辩论的先驱人物。因为，尽管孔子"罕言利"，但并不全然否认功利，对像管仲这样做过许多利国利民之事的人还能予以一定的褒奖。但是到孟子，"义利"关系徒然紧张了起来，因为《孟子》首章就严斥梁惠王"何必曰利！亦有仁义而

已矣"。

孟子的"义利"观在历史上产生了很大的影响。后儒如董仲舒说"正其谊不谋其利；明其道不谋其功"(《汉书·董仲舒传》)，程颢说"天下之事，唯义利而已"(《河南程氏遗书·卷十一》)，都受到孟子的影响。另一方面，"义利"问题在当代的应用非常广泛，我们现在谈到某个商人不讲商业伦理，某个官员贪污受贿，都常常会评价他们唯利是图、不讲道义。所以在这篇导读中，我们以"义利"观作为一个切入点来了解孟子，还是非常合适的。

另一方面，通过梳理孟子的义利之辩，也希望可以帮助读者学会如何阅读像《孟子》这样的古典名著。正如前文所言，《孟子》一书和我们近现代的哲学专著不同，并不是以一种结构化的方式聚焦于一个个专门的议题，逐一写作成文。虽然《孟子》中已然有比较长篇的论述，但是整体来说，文本经常以对话或故事呈现，材料有一定的零散性。这并不代表孟子思想没有体系，没有较为清晰的逻辑线索。① 恰恰相反，通过反复阅读，不难发现，《孟子》一书之所以成为历史经典，经得起好几代人的注释解读，其思想是相当深刻且连贯的。而我们要做的正是通过找准问题意识，整合散落在文本中的各个线索，利用各种经典注释，重新建构出孟子的论证思路，以读懂《孟子》，品味经典。这是我们面对古典原著时应学会的阅读方式，也是在经典导读中最应该掌握的学习技能。所以，在

---

① 与现代哲学著作相比较，古代思想著作往往都有类似特征。如果因此就认为中国思想就缺乏系统性而不具备哲学讨论价值，那并非完全公允的评价。比如古希腊哲学著作《理想国》也是对话体，但不代表柏拉图思想就全无系统性和哲学性。因此，阅读古代经典著作，我们还是有必要把它们放置在一定的历史条件下，给予一定同情的理解，并结合各个注释版本，尽量按照文本原意重构它们的逻辑框架。

本篇导读中，通过带领读者一起考察孟子的"义利"观，也希望做到"授人以鱼不如授人以渔"，给大家分享一下阅读古代经典的方法论。

那么现在，就让我们进入《孟子》的文本，回到源头，看看儒家的义利之辩最初如何被论述。义利之辩在《孟子·梁惠王》首章就出现了，原文如下：

> 孟子见梁惠王。王曰："叟！不远千里而来，亦将有以利吾国乎？"
>
> 孟子对曰："王！何必曰利？亦有仁义而已矣。王曰：'何以利吾国？'大夫曰：'何以利吾家？'士庶人曰：'何以利吾身？'上下交征利而国危矣。万乘之国，弑其君者，必千乘之家；千乘之国，弑其君者，必百乘之家。万取千焉，千取百焉，不为不多矣。苟为后义而先利，不夺不餍。未有仁而遗其亲者也，未有义而后其君者也。王亦曰仁义而已矣，何必曰利？"

粗看过去，不难理解孟子的思路。孟子反对梁惠王言利，因为这会引起从大夫到士庶人的效仿，上下都求利，那么一旦具备一定的实力条件，人们就会出于利益开始抢夺争战，国家因此就会危亡。相反，如果全国上下都讲"义"，那么人们就会尊老爱幼、忠君爱国，国家都会和平昌盛。这个论证似乎是没有问题的。可是我们再细想一下，这里的"义"和"利"真的如孟子说的那般针锋相对吗？

"先利后义"会产生"国危"的后果，所以要"有仁义而已"。如此，避免"国危"似乎就是证明"仁义"的理由。那避免"国危"是不是也算一种"利"呢？梁惠王说"何以利吾国"的时候，所求之"利国"是不是就包括了国家太平、臣子百姓忠君爱国呢？那么孟子一边说着"何必曰利"，一边自己以利证义，是不是自相矛盾了呢？

如果有读者读到这里，立即开始摇头说，我们怎么可以怀疑孟子？一定是我们的理解出了问题。其实阅读经典，不妨真诚地和古人对话。发现问题，这是正常的。正如朱熹给读书人的建议那样，开始读书时，读得潦草，什么问题都发现不了。再细读，发现处处都是问题。这时一定要认真对待，仔细思考，不要草草放过。待一个个问题逐步解决，豁然贯通，全无问题了，书才读透了。所以读经典不妨有疑，经典之所以为经典，往往经得起考验，反复求索，才能真正把握其中深意。

当我们发现了这一问题时，就可以求助古往今来各种学者的注释和解读，品品谁更有道理、逻辑更完整。针对上述疑难，历来学者们的解释大约有如下三种。第一，以公私之分来理解这段文本，也就是说，梁惠王所言之"利"为私利，孟子所言之"利"为公利。"公利"就是"义"。所以孟子的义利之辩反对的是"私利"，但并不反对"公利"。程颐就提出过上述看法。① 第二，认为义利具有异质性，从性质上两者就截然不同。孟子的"义"是一种道德判断的终极原则，与行为的后果并不直接相关，它的来源是超越的。而"利"则仅考虑行为的后果。比如朱熹的注释就认为："仁义根于人心固有，天理之公也。利心生于物我之相形，人欲之私也。"（《四书章句集注》）虽然出于天理的"义"可能会带来好的后果，但"义"的来源毕竟是不同的，不是根据人们的经验后果得

---

① 如程颐所言，"义与利，只是个公与私也"（《河南程氏遗书·卷十七》）。

到的。所以"义"总是具有第一优先性,不可和"利"相提并论。① 第三,还有一些学者认为,在孟子与梁惠王的对话中,孟子使用了一种游说的策略,用梁惠王更易于接受的方式来说明一味追逐私利的害处。海外有一位汉学家本杰明·赫夫提到孟子的义利观是一种"修辞的幸福",表述的就是类似的看法。

这三种看法哪一种更为合理呢?能够更好地解释这段文本中出现的问题呢?首先,我们可以回到文本来简单检验一下。

方案一,以公私之辩来分别理解孟子和梁惠王的立场。从文本的字面意思上看,梁惠王所问为"利吾国"而非"利吾身",而孟子的回答也是针对"国危",所以不能直接推出梁惠王所说的就是"私利",当然也不能排除这种可能性。②

方案二,以"义利"异质来看,如果孟子认为"义"的来源是超越的道德必然性,是从"天理"或某种理性的必然法则得出的,而"利"是某种经验性的、具有不确定性的后果,两者性质不同。只有必然的法则才能成为道德的第一根据,因此"义利"不可同日而语。可是这一整个论证逻辑都和这段引文的论证思路没有什么太大的关联。在这段文本中,孟子显然论述了"先利后义"在后果上的危害,以及"仁义"在后果上的优势。也许放在其他

---

① 除了朱熹以外,当代新儒家的一些学者引入康德的义务论来理解孟子的义利之辩,所持观点也类似。比如李明辉认为孟子"并不排斥非道德意义的'善',而只是反对以之为道德价值之唯一的或最后的判准。因此,孟子仍然可接受功利原则作为衍生的道德原则"(李明辉:《孟子重探》,联经出版事业公司 2001 年,第 53 页)。

② 如在晏玉荣的《性善论、寡欲观以及义利之争——论孟子的幽暗意识》(《道德与文明》,2017 年第 9 期)一文中,作者提到本杰明·赫夫以"修辞的幸福"来诠释孟子"义利"观的矛盾,结合王的欲求以说服策略以转化王。作者虽然不完全赞成赫夫的观点,而以幽暗意识来解读,但也承认孟子采用了一种"迂回的、巧妙的手段"。

有关义利之辩的文本上，方案二是成立的，但是对于上述文本出现的问题，方案二似乎偏离了问题，不能给出什么实质性的解释办法。

方案三，孟子在这里用梁惠王可以接受的方式来"游说"。那么，有两种情况：一是孟子事实上认可这种论证方式，确实是这样来理解义利之辩的，或者孟子这里所说的至少部分包含义利之辩的某些真理。二是孟子并不认同这样来理解"义利"，只是为了达到游说的目的，才说了违心的话（所以有矛盾也就不奇怪了）。

回到文本简单梳理一下，我们就会发现，除了第二种方案和上述文本的问题关联不大，可以排除，方案一和方案三我们都很难直接通过阅读一段文本来确定。这个时候，我们就需要联系《孟子》中其他的文本来加深理解了。

简单说来，以示范而言，还有至少两段文本，我们是可以参考阅读的。第一段文本，是孟子和同为思想家、游说者的宋牼的对话（见《孟子·告子下》）。另一段则是有人批评孟子对诸侯王"不敬"时，孟子所做的自我辩护。我们先来看第一段对话：

> 宋牼将之楚，孟子遇于石丘，曰："先生将何之？"
>
> 曰："吾闻秦楚构兵，我将见楚王说而罢之。楚王不悦，我将见秦王说而罢之。二王我将有所遇焉。"
>
> 曰："轲也请无问其详，愿闻其指。说之将何如？"
>
> 曰："我将言其不利也。"
>
> 曰："先生之志则大矣，先生之号则不可。先生以利说秦、楚之王，秦楚之王悦于利，以罢三军之师，是三军之士乐罢而悦于利也。为人臣者怀利以事其君，为人子者怀利以事其父，

为人弟者怀利以事其兄，是君臣、父子、兄弟终去仁义，怀利以相接，然而不亡者，未之有也。先生以仁义说秦、楚之王，秦、楚之王悦于仁义，而罢三军之师，是三军之士乐罢而悦于仁义也。为人臣者怀仁义以事其君，为人子者怀仁义以事其父，为人弟者怀仁义以事其兄，是君臣、父子，兄弟去利，怀仁义以相接也，然而不王者，未之有也。何必曰利？"

孟子碰到宋牼要去游说楚王罢兵，问他打算怎么说。宋牼回答，他打算告诉楚王这么做"不利"。孟子接下来说了一段和梁惠王对话逻辑极其相似的话，最后同样以"何必曰利"结尾。这段文本和第一段文本的逻辑几乎一模一样，很适合用来参照阅读。从这段文本，我们可以得到什么信息呢？我们可以看到，至少宋牼这个人去游说楚王的时候动机是善良的，孟子也肯定他"先生之志大也"。既然宋牼是抱着"公利"之心去的，为什么孟子仍然反对这种游说方式呢？这毕竟与打击梁惠王的"私欲之心"似乎有所不同。由此看来，似乎以"私利"和"公利"相分的方式来理解义利之辩仍有不足之处。① "公利"并不能等同于"义"。第一种方案似仍有不完善之处。

再来看第二段文本（见《孟子·公孙丑下》），孟子如何回应"不敬王"的指责：

> 景子曰："内则父子，外则君臣，人之大伦也。父子主恩，君臣主敬。丑见王之敬子也，未见所以敬王也。"
>
> 曰："恶！是何言也！齐人无以仁义与王言者，岂以仁义为

---

① 并不是说不能以公私之辩来理解义利之辩，只是这种理解仍有未尽之处。

不美也？其心曰'是何足与言仁义也'云尔，则不敬莫大乎是。我非尧舜之道，不敢以陈于王前，故齐人莫如我敬王也。"

在这段文本中，景子怀疑孟子对王态度不够尊敬，孟子则回答，不是尧舜之道，我都不敢和王说，所以我是最尊敬王的。假设这是孟子游说诸王的基本原则，那么可见，即使我们认为孟子采取了一定的游说策略，他所说的内容也必然是真诚可信的。在与梁惠王的对话中，孟子既然敢于开篇就直斥梁惠王"何必曰利"，如果说他是委曲求全，曲线救国恐怕并不合适。

由此看来，上述三种方案竟然没有一种能够立即完美解释我们在这段文本中所遭遇的问题。方案一或方案三的第一种理解方式都需要进一步的补充说明才能帮助我们彻底理顺《孟子》首章义利之辩的要义。由此可见，阅读古代思想名著，从问题出发，通过求助经典注释，再回到文本，联系各处线索，反复假设推论，最后获得完整的理解，这样我们才能真的把经典读透读深，并最终化成自己的知识和领悟。

五、义利之辩和孟子的政治哲学

限于篇幅，这里只能抛砖引玉，简要地展开对义利之辩分析的一种线索思路。一方面，我们要看到，经典的哲学问题自有它丰富的内涵和历史脉络，需要我们仔细思考阅读，才能深入了解。另一方面，我们有必要掌握一种经典阅读的方法，就是真诚地与经典对话，带着问题，求助历史诠释，结合各种线索，找到令自己满意的答案，这样，我们才不是浮于表面、泛泛而谈。

最后，关于义利之辩的问题到底要如何理解呢？义利之辩这个问题可以从不同的层面切入，比如从道德哲学或伦理学的层面讲，它是关于个人的道德抉择、判断和社会伦理的基础问题。从政治哲学层间讲，它和"仁政"理想、王霸之辩、贤人政治的整体模式是不能脱开关系的。而关于《孟子·梁惠王》首章的义利之辩，我们只能说，这一问题显然是带有政治哲学背景的，不能脱离孟子对理想政治的思考单独来看。至于问题真正的解读方案，读者不妨把它当作本章经典导读的思考题，进一步思考求索了。

参 考 文 献

1. 杨伯峻：《论语译注》，中华书局 2019 年。
2. 杨伯峻：《孟子译注》，中华书局 2010 年。
3. 程颢、程颐：《二程集》，中华书局 2004 年。
4. 朱熹：《四书章句集注》，中华书局 2019 年。
5. 李明辉：《孟子重探》，联经出版事业公司 2001 年。
6. 晏玉荣：《性善论、寡欲观以及义利之争——论孟子的幽暗意识》，《道德与文明》2017 年第 9 期。
7. 刘旻娇：《性善何以行不善——孟子论道德失败》，中国社会科学出版社 2020 年。
8. Kong-Loi Shun. *Mencius and Early Chinese Thought*. Stanford：Stanford University Press，1997.

《黑暗时代》导读

〈溝通化〉書系

李·麦金太尔（Lee McIntyre）是波士顿大学哲学和科学史中心的研究员，曾担任哈佛大学定量社会科学研究所的执行主任，以及波士顿联邦储备银行研究部的副主编。已出版《后真相》（2018）、《尊重真相》（2015）、《黑暗时代》（2006）等著作。

一谈到"黑暗时代"，我们首先想到的可能就是中世纪，想到的是两次世界大战，或者人类在更遥远的过去所经历的无知、蒙昧与野蛮。然而，我们现在已经走出黑暗、走向光明了吗？麦金太尔指出，我们今天所面临的社会问题与我们祖先所面临的社会问题其实大同小异，甚至有可能更糟。比问题更糟的是，反对在社会科学中采取科学态度的偏见正在创造一个新的"黑暗时代"。面对这样一种情形，社会科学家能做什么呢？

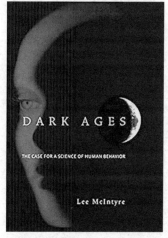

Dark Ages: The Case for a Science of Human Behavior, Lee McIntyre, The MIT Press, 2009

学者小传

刘松青，江西省莲花县人，中国人民大学-乌普萨拉大学联合培养博士，现为上海财经大学人文学院讲师。主要研究方向为语言哲学、政治哲学及元伦理学。

《黑暗时代》导读

刘松青

一谈到"黑暗时代",我们首先想到的可能就是中世纪,想到的是两次世界大战,或者人类在更遥远的过去所经历的无知、蒙昧与野蛮;一想到"黑暗时代",我们脑海中也许就会浮现出战火与硝烟、暴力与欺凌、压迫与剥削、血泪与死亡等情形。我们可能会庆幸,我们不是出生于那样的时代,也没有经历那样的岁月。我们甚至可能窃喜,我们生在一个崭新的时代,一个技术发达、物质丰盛、文教昌明的时代。然而,我们的时代真的如此美好吗?人类面临的苦难和黑暗真的一去不复返了吗?换句话说,我们到底处在一个什么样的时代呢?我们已经走出黑暗、走向光明了吗?在《黑暗时代》一书中,李·麦金太尔不无忧伤地指出,在某种程度上,我们今天所面临的社会问题与我们祖先所面临的社会问题大同小异,甚至有可能更糟。换句话说,在时光的飞逝流转中,人类虽然已经进入21世纪,却依然面临走向新的黑暗时代的危险。

我们知道,人类文明兴起之初,其苦难和黑暗主要来自自然灾害、疾病和饥饿,但是随着种植技术、医疗技术以及对于自然的了解和认识的增进,人类早已不惧自然,人类的居住环境和生存空间得到了极大地改善。但问题是,我们并没有因此变得更加文明和友善,变得更加仁爱和宽容。按照麦金太尔的说法,我们今天所面临的苦难和黑暗以一种更残酷和冷漠的方式潜行于我们的现实世界之中。例如,妇女因为害怕被性侵而不敢在夜晚独自走上街头,儿童因为害怕被流弹击中而不能使用市中心的公园,儿童卖淫在东南亚十分猖獗,现代奴隶制依然留存于苏丹和毛里塔尼亚,学校的枪击事件司空见惯,连环杀人案呈上升趋势,恐怖袭击接连不断,有组织的强奸贩毒和其他恶行不绝如缕,更别提那些令人发指的种族灭绝与屠杀。人类为何会如此残忍地对待其同类?我们又为什么能够允许这样的事情发生?麦金太尔认为,这些暴行之所以持续存在,在很大程度上是因为我们容忍了它们,或者即使人们无法容忍这些事情的发生,也不知道该向谁寻求解决之道。①

那么,对于这样的一些社会现实问题,我们或者社会科学家能做些什么呢?在对于诸如此类的问题的研究方面,社会科学似乎是令人十分沮丧的。② 麦金太尔认为,在将对人类行为的理解应用于改善人类苦难方面,社会科学家所取得的成就可以说寥寥无几。比如,犯罪学的所有理论和工具并没有告诉我们如何减少犯罪,被大肆吹嘘的经济学的精确技术也未能告诉我们如何避免衰退,而政治科学家对于恐怖主义所做的研究,也并没有让恐怖分子做出让步或者达成某种共识。更令人遗憾的是,当今很多社会科学研究甚至都没有试图去解决我们时代所面临的这些紧迫的社会问题,而是倾向于建构一些技术性或解释性的理论模型,宏大而空洞,以至于在现

---

① Lee McIntyre, *Dark Ages: The Case for a Science of Human Behavior*. Cambridge:The MIT Press, 2006, p.2.
② Ibid., p.3.

实面前没有任何预测和解释的价值，人类社会的苦难依然有增无减，以至于很多社会科学从业者对社会科学的科学性本身也产生了怀疑。

实际上，在麦金太尔看来，我们大多数人并不会对这些社会苦难现象漠不关心或听之任之，也不希望看到这些残忍的、不人道的事件的发生。真正的问题可能在于，我们对这些现象背后的因果关系一无所知，我们不了解科学的本质，不知道如何将科学运用于人类事务的研究之中。然而，在麦金太尔看来，这恰恰是社会科学的责任。他认为，社会科学应该研究当今最紧迫的社会问题，以便我们能够了解这些问题背后的因果关系，从而能更好地做出预测和控制。因而，粗略地或者模糊地谈论和理解这样一些社会事件是远远不够的，我们必须深入事件背后真实而具体的因果关系，建立一门真正的人类行为科学。换句话说，人类状况的改善有赖于我们对于这些问题的回答，有待于我们加深对这些社会问题的理解。如果我们对这些因果关系的本质缺乏理解，就将继续处于无知之中，继续承受其毁灭性的后果。麦金太尔认为，更好地把握这些社会问题背后的因果关系，对于人类提高生活质量至关重要，而通向这一目标的道路必定是由科学指引的，它蕴含着巨大的希望，就像理解自然规律一样，它将有助于我们理解人类的行为和本性。当然，在通向这一目标的途中，还有很多阻碍的力量。用麦金太尔的话来说："当我们还在黑暗时代徘徊时，世界在燃烧。"①

为什么建立一门真正的人类行为科学会如此艰难呢？一方面是

---

① Lee McIntyre, *Dark Ages: The Case for a Science of Human Behavior.* Cambridge：The MIT Press, 2006, p.13.

我们对这些因果关系缺乏系统的研究，并且一直试图根据我们的利益、偏见和假设来设计我们的社会政策，这导致我们对这些社会问题背后的因果关系完全无知，因而也无所作为。当然，麦金太尔并不是说社会科学没有取得任何进展和成效，也不是要贬低社会科学家，而是要区分坏的社会科学和好的社会科学。实际上，他认为有很多勇敢的社会科学家已经做出了很多有益的实证研究，但要么被忽视，要么宣传不足。部分原因就在于坏的社会科学驱逐好的社会科学，他们像对待任何与之不同的政治观点一样，对其他社会科学家的研究不屑一顾。当然，问题的根本还不在此，在麦金太尔看来，当今的社会科学家要么忽视要么误解了科学探究的本质，他们所获得的可用数据有时如一团乱麻，并且缺乏科学的分析标准，因而使得社会科学当中的绝大部分工作显得极不严谨。概言之，麦金太尔认为，今天的社会科学家可以划分为那么几类：第一类，他们想要有一门真正的社会科学，但不知道如何去做；第二类，他们试图建立一门真正的社会科学，却难以克服实证社会研究的障碍；第三类，他们认为对人类事务进行科学探究是不恰当的，也是不可能的；第四类，他们貌似从事严肃的研究，但其理论和分析框架深受意识形态、偏见和一厢情愿的影响。因而，无论他们是否效仿科学标准，无论他们如何努力，都将无法获得有用的结果。①

此外，社会科学的研究毕竟与自然科学研究不同，因为社会科学的研究主题是人类自身，这一特殊的研究对象也会使社会科学面临一些障碍。这也是很多人对人类行为科学保持怀疑的原因。第

---

① Lee McIntyre, *Dark Ages: The Case for a Science of Human Behavior*. Cambridge: The MIT Press, 2006, p.17.

一，他们认为，社会科学的研究主题极其复杂，它们涉及的是人类社会关系，而影响个人行为的变量不计其数，以至于无法进行科学研究，即便我们能对人类行为背后的因果关系做出一定的解释，也总是赶不上事情的变化速度。第二，它们认为人类行为是一个开放的系统，具有不可预见性，而科学研究必须面对一个有限变量的封闭系统才有效。第三，客观看待人类自己的行为是不可能的，毕竟社会科学家在进行研究的时候不可能排除其固有的主观性。第四，社会科学研究在很大程度上是历史性的、非重复性的，无法进行受控实验。第五，从根本上来说，反对人类行为科学的最终理由是人类有自由意志，可以自由行事。如果我们是自由的，我们就不受任何法则约束，而采取任何合适的行动。一旦我们意识到我们的行为可能被社会科学发现规律，就可以自由地改变它。基于这样一些意见，人们通常认为建立一门有关人类行为的科学是不可能的。

但是麦金太尔认为，这些论点要么是错误的，要么是被高估了，它们并没有表明我们不能拥有真正的社会科学。究其原因，主要还是我们对于真正的科学缺乏根本的了解，并且夸大了自然科学与社会科学之间的分歧。如果那些反对者所列出的复杂性、开放性、缺乏控制实验和主观性等因素会决定性地妨碍人类行为科学的可能，那么这些因素同样会妨碍自然科学的合理性。因为自然科学和社会科学都会面临相似的问题。因而，对于人类行为科学的批判，其实是基于对自然科学研究过于理性化的一种看法，这可能是因为从事社会科学研究中的很多人一开始就没有受到过系统的自然科学的训练。比如，复杂性肯定不是某种绝对的形而上学性质，它是我们描述世界的一个函数。因此，认为复杂性是社会科学的特征是一种误导，它实际上与我们的理论和研究现象的分类无关。对于开放性，当代科学提供了大量的例子，证明科学研究在研究开放系统方面取得了很大的进展。进化生态学、气象学、混沌学，都是科学对开放系统进行成功研究的例子，在这些系统中，潜在的变量可能是无限的。那么谁能说在开放系统中就没有规律可言呢？在麦金太尔看来，开放不等于无序，无限不等于不确定，即使人类行为系统是开放的，只要它们表现出一定的行为规律性或者规范性，我们就完全有能力研究开放系统。而主观性也不是社会科学的真正问题，这个概念只能用来描述拙劣的社会科学。即使在自然科学领域，我们无法做到完全客观也是一个不争的事实。正如很多科学哲学家所表明的那样，科学家同样会受到视角、利益等的影响。如果哲学家是对的，那么我们似乎在任何科学中都不能达到完全的客观性。显然，这并不是我们拒绝或否定我们能够尽己所能地去做好社会科学研究的借口。问题反倒是，在社会科学研究中，我们为什么不能做得和自然科学一样好呢？也许相比自然科学而言，社会科学确实更难以达到客观性，因为我们很容易引入一些社会利益和政治利益，掺入意识形态的假定前提，但我们不能因此放弃对社会科学客观性的寻求。我们要做的恰恰是剔除这些不相干的非客观性因素，增进社会科学研究的实证性，收集更多的可靠证据，建立客观标准，从而为社会科学奠定基础。至于实证研究中缺乏受控实验的指责，在麦金太尔看来，这个反对人类行为科学的理由是最弱的。实际上，在缺乏受控实验的情况下，很多学科也取得了成功，如天文学、地质学和气象学，这些学科进行受控实验的机会是非常有限的，然而这并不妨碍它们成为科学。此外，关于自由意志方面的担忧，在麦金太尔看来确实具有很大的迷惑性，我们对自由意志具有强烈的直觉，然而又缺乏实验证据来支持这一点。然而，假如我们拥有自由意志,为何一遍遍犯同样的错误,我们对他人犯下的罪行为何具有惊人的相似性?自由导致的后果如此可怕,难道不正需要一门社会科学来帮助我们认识这一点,并将我们从造成如此多的人类痛苦的习惯之中解放出来吗?而如果我们没有自由意志,显然社会科学也是必要的,它可以帮助我们了解我们自身的限度,帮助我们理解和适应任何控制我们行为的力量,以此来思考如何在我们能力的范围之内创造一个更美好的社会。所以无论如何,我们似乎都需要一门关于人类行为的科学。可是,为什么大多数人对人类行为科学研究前景如此担忧,又如此容易被一些相反的意见所迷惑呢?为什么人们不想要一门真正的人类行为科学,究竟是什么阻碍了它的实现?

在本书第三章的开篇,麦金太尔引用了罗素的一句话,可以看作对这个问题的回答。罗素说:"社会科学家之所以不能更接近真相,是因为他们往往不想了解真相。"① 按照麦金太尔的说法,我们总是习惯于抗拒与我们不相容的知识。换句话说,我们经常避免收集那些可能与我们喜欢的理论不一致的知识,并且总是自视甚高。他认为,人类是以自我为中心的生物,总是沉迷于自身观点影响世界的幻想之中。

在麦金太尔看来,大多数人不愿意接受一门关于人类行为的科学,最可能的原因是这门科学与我们占主导地位的宗教和政治意识形态背后的主要原则相冲突,而这些原则基本上是源于自我中心的信念,即人类是特殊的,因此我们的行为是不受科学管控的。简言

---

① Lee McIntyre, *Dark Ages: The Case for a Science of Human Behavior*. Cambridge: The MIT Press, 2006, p.43.

之，就是对知识的抗拒。麦金太尔认为，对知识的抗拒其实并不限于社会科学，在很多其他的研究领域同样盛行，尤其是当他们会威胁到我们珍视的政治或宗教意识形态的时候。① 比如，伽利略的罪过不在于他发现了月球上的陨石坑，不在于他发现了木星的卫星，而在于他的发现威胁到了亚里士多德的教义，即天空是永恒和完美的，是由上帝所决定的。但事后来看，我们很容易就看到这些知识突破的意义，并且我们的生活和教育都有赖于这些突破。

然而麦金太尔认为，今天我们对知识的抵制与历史上发生的这些事件如出一辙。对于很多问题，我们都很难真诚面对。比如，我们会如何判断当前经验科学中争论的这样一些问题：种族和智商之间是否存在联系？同性恋是否由遗传决定？受害者的着装是否会诱发强奸？推理中是否存在性别差异？死刑是否能阻止犯罪？打屁股是否会导致孩子在以后的生活中更具有攻击性？我们的行为是否可以预测？很难说决定上述争论的唯一因素是科学证据。那么，我们更应该相信我们某些固有的信念，还是应该根据证据来阐明我们的信念呢？也许包括社会科学家在内的很多人都不愿意诚实地面对自身或面对问题本身。从根本上来说，不管是赞同还是否定，上述问题中涉及的争论双方都可能与政治、宗教或自我中心的偏见相冲突，我们很难撩开迷信、神话和谎言的面纱，勇敢地面对我们自己。因为真理并非那么轻而易举就能够获得，即使是哥白尼革命和达尔文革命，也不是轻轻松松就改变了我们的世界观的。如果人们总是在社会科学的发现中加上直觉甚至偏见的限制，如何可能结出

---

① Lee McIntyre, *Dark Ages: The Case for a Science of Human Behavior*. Cambridge: The MIT Press, 2006, p.45.

真正的社会科学之花呢？麦金太尔认为，除了一些陈腐的世俗观念，宗教意识形态与政治意识形态是知识的最大阻力，由于它们会将偏见合理化，因此是研究人类行为背后的因果关系的两条死胡同，是人类行为科学的最大障碍。① 我们的态度应该由科学来塑造，而不应该被意识形态束缚，有关人类行为的经验事实应该是科学研究的领域。

然而不幸的是，我们关于人类行为的研究经常受到政治正确性与其他意识形态的影响，我们被鼓励不要去探究那些可以真正改变社会现实的重要问题，不去收集相关的数据和信息，不去研究和触碰某些特定的话题。很多社会科学家都接受这样的观点，它们阻止或者干预对某些禁忌话题的实证调查，或者谴责那些缺乏政治意义的研究，并且将意识形态当成科学的替代品，为其摇旗呐喊。比如，尽管有大量的证据表明，死刑在阻止犯罪方面并不成功，但保守派依然不愿意放弃他们的信念，即死刑促进了普遍的威慑，有利于减少犯罪。实际上，保守派相信的是"死刑应该阻止犯罪行为"。很显然，这是一种非经验主义的政治信念。麦金太尔认为，不管是政治意识形态还是宗教意识形态，对于实证社会科学研究的总体影响是非常负面的，它们妨碍了社会科学对于科学态度的追求，甚至排除了科学研究的可能。如果我们不能对我们所支持的政治意识形态假定提出疑问，就会导致这样的观点，即社会科学家不能解决经验主义的争论，只是因为提出了有争议的"政治问题"。或者说，当他们的理论或观点与流行的政治理想相冲突的时候，即使得到充

---

① Lee McIntyre, *Dark Ages: The Case for a Science of Human Behavior*. Cambridge: The MIT Press, 2006, p.52.

分证实的有关人类行为的事实也容易被完全拒绝。麦金太尔甚至认为,今天的政治意识形态对于社会科学的影响,无异于黑暗时代宗教教条对于自然科学的影响。① 如果麦金太尔是对的,那我们时代的思想姿态确实不容乐观。

麦金太尔认为,自然科学也曾经历过自身的黑暗时代,也曾遭到过难以置信的意识形态的抵制。在这一点上,它与今天的社会科学所面临的许多障碍是相似的,尽管不是细节上的相似。事实上,科学曾经笼罩在神学与亚里士多德哲学的阴影之下,人们不能做出与罗马天主教会提出的统治意识形态不一致的解释,直到17世纪才摆脱这种束缚。当现代自然科学开始提出与教会意识形态相冲突的观点时,遭到了强烈的抵制,并因此遭受了许多苦难,布鲁诺被处以火刑,伽利略被软禁。在自然科学史上,这样的例子并不少见。尽管在社会科学领域对知识的抵制与以往对自然科学的抵制一样,但其后果还不如当年布鲁诺和伽利略等人所遭受的那样可怕。对于现代的社会科学家而言,这样的例子应该让他们在面对公众的嘲笑和敌意时缺乏勇气而感到羞愧。麦金太尔认为,社会科学家可以从布鲁诺和伽利略的事迹中学到很多东西。比如,社会科学既需要更多的实验研究,也需要更多的勇气来捍卫和保持其不受意识形态影响和控制的独立性和客观性。如果抵制知识是一种活生生的现实,我们就必须随时准备为真理而战斗,在经验研究结果与占统治地位的宗教与政治意识形态相冲突的地方保持清醒。我们必须相信,抵制知识的力量不仅是暂时的,也是无意义的。如果自然科学

---

① Lee McIntyre, *Dark Ages: The Case for a Science of Human Behavior*. Cambridge: The MIT Press, 2006, p.62.

和社会科学面临的障碍基本相似,并且自然科学成功地克服了对知识的抵制,那么我们同样可以希望社会科学取得胜利。换句话说,我们必须有勇气为建立一门人类行为科学而奋斗,因为这是我们从众多折磨我们的社会苦难中获得救赎的最大希望。我们必须下定决心不去听那些自鸣得意的警告,必须下定决心不顾科学之外的虔诚信仰;我们要超越偏见,克服对知识的抵制;我们要像我们的祖先为自然科学做出的努力那样去发现关于我们自己的真理;我们要去解决人类社会面临的问题,改善人类的状况。我们不知道社会科学的决定性时刻会降临在谁的头上,也不知道社会研究何时能走出自然科学的阴影。但我们有必要用我们能够支配的一切力量来研究它们,并时刻准备好面对人类自身的真相。

那么,社会科学之光如何才能照进我们的时代呢?我们如何才能避免现实的苦难和冲突,改善人类的生存状况呢?答案当然很简单,那就是建立一门关于人类行为的科学,并且相信科学、依赖科学。麦金太尔在《黑暗时代》的最后借用了马克思的名言:"哲学家只寻求解释世界,然而,关键在于改变世界。"麦金太尔设想了这样一种情形:假设我们来到一个没有任何技术,只有矿物、植物和动物生命的星球,我们会如何生存呢?这种情形类似于人类进化之前的情形,我们可以称为前技术时代。而现在,我们的日常生活中已经有了光纤、数字计算机、飞机、核武器,我们已经建立了一个技术社会。然而,在这样的时代里,我们的生活可能并不比我们的祖先高明多少,我们像他们一样发动战争,把资源控制在少数人手中而让其他人挨饿,我们为了怨恨而杀人,我们忽视孩子的痛苦,我们因为外貌的差异而憎恨彼此。当然,我们也有一些有益的社会安排,但大多数社会安排,如我们的仇恨、我们对危险的反应、我们的求爱方式，与几十万年前的祖先相差无几。我们在改善人类状况方面做了多少努力呢？我们难道不可以做得更好吗？我们难道不能用同样的聪明才智来改善我们的社会吗？我们难道不可以将作为人类理性的最高形式的科学运用到我们的社会问题之上吗？我们为什么不能尝试用更好的办法来解决战争、犯罪、种族冲突和儿童剥削的问题呢？

麦金太尔认为，我们完全可以沿着以往从物质匮乏中自我解放的道路来改善我们的社会存在，而摆脱我们当前所面临的社会困境的唯一方法，是运用我们的理性来解决我们的社会问题。只有当我们能够诚实地面对我们行为背后的因果机制，能够运用我们的聪明才智，愿意拥有一门人类行为科学的时候，才能建立一个更美好的社会，一个没有痛苦、没有相互压迫的社会。① 对于生活在黑暗时代的人们而言，这无异于一个乌托邦。然而，设想一个更美好的社会并没有错。也许有人会说，科学不也曾经导致过灾难性的后果吗？科学家发明的原子弹就曾经吞噬过数以万计人的生命。麦金太尔认为，尽管科学曾经被滥用，尽管我们对科学的滥用一直表示担忧，但科学对于人的好处大于坏处是不争的事实。了解我们的世界不是比对它一无所知更好吗？我们不能因为害怕它可能导致未来的恐惧，就不去探究我们所面临的疾病、饥饿、人口过剩、战争、犯罪和贫困所带来的可怕苦难。如果人们因此主张终止或限制科学，人们最好直接面对故意保持无知所带来的毁灭性的后果。

---

① Lee McIntyre, *Dark Ages: The Case for a Science of Human Behavior*. Cambridge: The MIT Press, 2006, p.105.

如果人类行为科学是可能的，我们又如何开出补救药方，去改变这个世界呢？① 麦金太尔认为，首先，我们必须意识到抵制知识的危险。我们必须忠于科学态度，这告诉我们在科学研究中没有禁忌。从事社会科学研究的人必须有勇气面对根深蒂固的宗教和政治利益以及意识形态。我们必须下决心以经验为根据来决定经验性的问题。无论如何，我们都必须警惕意识形态的偏见。科学没有异端，如果我们仅仅因为害怕出错或争议，或者与某些观念不符，就不去研究它们，科学就不能发挥其应有的作用。其次，我们必须从与自然科学的对比中汲取力量。人们对人类行为科学的反对与历史上对于科学的反对几乎同出一辙。实际上，就像自然科学一样，对知识的抵制是人类行为科学研究中的最大障碍。社会科学可以和自然科学一样取得进步，我们应该学习自然科学的历史，并从它们的斗争中得到鼓舞。再次，我们必须承认，对人类行为问题的研究有正确的答案，这些答案可以通过实证调查来发现。比如，在连环杀人、虐待儿童、通货膨胀和经济衰退等问题的背后，存在真正的因果关系，要理解这些问题，我们就必须对其进行严格和系统的研究。我们应该使用调查的方法，尽可能多地使用实验，从数据中学习，并用科学证据来塑造我们这一代的社会科学理论。此外，我们不能期望人类行为的真相是一致的。关于人类行为的原因，还有大量有待发现的真相。最后，我们绝不能听信那些唱反调的人，他们会针对科学不可能是什么样子提出很多听起来非常复杂的论点。

麦金太尔一再强调，我们的目标是研究人类行为背后的因果关

---

① Lee McIntyre, *Dark Ages: The Case for a Science of Human Behavior*. Cambridge: The MIT Press, 2006, p.110.

系，从而改善社会世界。那么，这样一个世界会是什么样的呢？也许我们可以想象：在这个世界中，人们对经济有足够的了解，因而能够预知和避免经济波动；我们了解导致犯罪的因果要素和环境条件，从而能够对潜在的罪犯进行早期干预；我们理解战争的心理根源，然后通过条约和谈判化解分歧和争端，控制了侵略和民族主义。那么，人类行为科学真的可以引领我们走出笼罩在人类社会之中的非理性和悲剧性的混乱局面吗？麦金太尔所描述的这个世界是可能的吗？我们离实现这个目标还有多远呢？麦金太尔说，这个世界比人们想象的要近。

《资治通鉴》导读

《资治通鉴》是宋代史学家司马光和助手刘恕、刘攽、范祖禹、司马康等人历时19年编纂而成的史学巨著，是我国第一部编年体通史，规模空前。全书共294卷，300多万字。其所记载的历史断限，上起周威烈王二十三年（前403），下讫后周显德六年（959），涵盖了1362年的历史。与《史记》有所不同，司马迁的目标是"究天人之际，通古今之变，成一家之言"，重视天人关系和朝代更替的规律；而司马光写《资治通鉴》的目的则更加现实，他是要"鉴前世之兴衰，考当今之得失"。因此在选材上，能够为统治者提供借鉴作用的政治史就毫无疑问地占据了最重要的位置。《资治通鉴》极其重视腐败政治，对于政治清明和黑暗时期都用功很深，也重视战争。举凡权力更迭、施政得失、制度沿替、人才进退都有详尽深入的记载，这些内容也是《资治通鉴》一书的精华所在，记述中尤其表现出编年史的优点。比起纪传体的一事互见于不同传记，《资治通鉴》在记述一件事、一项制度的时候，可以更清晰地表现出全貌和发展变化的过程。本书精选全书精华进行注释和翻译并加以题解。

《资治通鉴》，司马迁著，中华书局2009年

学者小传

兰宜生，男，1977年高考由山西阳曲县知青考入山西财经学院贸易经济系，先后在山西财经学院、汕头大学、复旦大学、上海财经大学学习、任教，复旦大学世界经济专业博士毕业，现为上海财经大学商学院教授、国际贸易博士生导师；曾为美国密西根大学、澳大利亚阿德莱德大学、荷兰鹿特丹大学访问学者。

研究领域涉及国际贸易、电子商务、创业学和修德成功学；主持完成中国贸易政策与战略修正等国家社科课题，发表学术论文近百篇，出版著作10多部，主要著作有《电子商务与经济变革》《中国对外开放与地区经济发展》《中国的大国贸易政策修正》《绿色均衡贸易战略与中国产业安全》《厚德成功学》《因特网创业》等；独立获得上海市优秀教学成果一等奖；担任教育部首届高校电子商务专业教学指导委员会委员等。

我与《资治通鉴》的缘分

兰宜生

一、司马光与《资治通鉴》

（一）司马光其人

司马光（1019—1086），字君实，号迂叟，陕州夏县（今山西夏县）人。宋真宗天禧三年（1019）十月十八日，司马光出生于光州光山，此时其父司马池任光山县令，所以给他起名光。司马光是北宋著名史学家、文学家，历仕仁宗、英宗、神宗、哲宗四朝，为人温良谦恭、刚正不阿，堪称儒学典范，受人景仰，历史上曾与孔子、孟子被奉为儒家三圣之一。

司马光一生著述颇多，除主持编纂《资治通鉴》外，还有《通鉴举要历》80卷、《稽古录》20卷、《本朝百官公卿表》6卷。此外，他在文学、经学、哲学乃至医学方面都进行过钻研，主要代表作有《翰林诗草》《注古文学经》《易说》《注太玄经》《注扬子》《书仪》《游山行记》《续诗治》《医问》《涑水纪闻》《潜虚》《类篇》《司马文正公集》等。

司马光6岁时，父亲司马池即训教读书，7岁已能背诵讲解

《左氏春秋》要意。司马池辗转河南、陕西、四川各地为官，始终把司马光带在身边。所以，司马光在15岁以前就跟随父亲走过许多地方，访古探奇，领略风土人情，极大丰富了社会知识。司马光20岁参加会试，一举高中进士甲科，从此步入仕林，初任华州（今陕西华县）判官。庆历元年（1041）十二月，司马池病死在晋州，司马光和兄长司马旦扶父亲灵柩回到故乡夏县。他在居丧3年期间，发奋读书写作以排遣悲伤寂寞，写出了许多有价值的文章，如《十哲论》《四豪论》《贾生论》，对一些古人古事提出自己的见解。

司马光后来在政事之余，一直保持大量阅读和写作的习惯，完成数十篇论文，如《机权论》《才德论》《廉颇论》《应侯罢武安君兵》《项羽诛韩生》《汉高祖斩丁公》《甘罗》《范雎》《秦坑赵军》等。他对《孝经》进行系统研究，撰写了《古文孝经指解》。

司马光立志要写一部内容"善可为法，恶可为戒"的通史。宋英宗治平三年（1066），司马光将撰写的8卷本《通志》（包括《周纪》5卷和《秦纪》3卷）进呈英宗。英宗读后大为赞赏，谕旨《通志》接续编修，并设立专门书局，由司马光负责。

宋神宗赵顼即位后，在欧阳修极力推荐下（"德性淳正，学术通明"），任命司马光为翰林学士和御史中丞。元丰七年（1084），司马光已66岁，《资治通鉴》全部修完。神宗皇帝十分重视，将书的每编首尾都盖上了皇帝的睿思殿图章，以其书"有鉴于往事，以资于治道"，赐书名《资治通鉴》，并亲为写序。神宗降诏奖谕司马光，擢升司马光为资政殿学士。

元丰八年（1085），神宗病逝，10岁的赵煦继位，是为哲宗，祖母皇太后当政。皇太后向司马光征询治国方略,司马光建议"广开言路"。皇太后起用司马光知陈州,不久授门下侍郎(即副宰相)。司马光进言,把因反对王安石新法而被贬的刘挚、范纯仁、文彦博、李常、苏轼、苏辙等老臣召回朝廷。

元祐元年(1086)九月初一,司马光因病逝世,享年68岁,获赠太师、温国公,谥号文正,宋哲宗赐碑名为"忠清粹德"。

(二)《资治通鉴》成书

司马光的最大学术贡献就是主持编写《资治通鉴》,前后用时19年,在司马光去世前两年完成。可以说,司马光倾其毕生精力完成了这部巨著。他在《进书表》中坦言"臣之精力,尽于此书"。

司马光本为朝廷重臣,因反对王安石变法,宋神宗熙宁四年(1071)外放西京御史台,自此偏居洛阳15年。在远离朝廷的岁月,司马光专心编撰《资治通鉴》。司马光自号的独乐园,既是他的寓所,也是《资治通鉴》书局所在地,书局在汴京已奉诏成立,司马光任主编,当时著名学者刘恕、刘攽和范祖禹为协修,司马光的儿子司马康也担任检阅文字的工作。

《资治通鉴》是我国最大的一部编年史,全书共294卷,300多万字,上起战国初期韩、赵、魏三家分晋(公元前403),下讫五代(后梁、后唐、后晋、后汉、后周)末年赵匡胤(宋太祖)灭后周以前(公元959)。作者把这1362年的史实,依时代先后,以年月为经,以史实为纬,顺序记写;对于重大的历史事件的前因后果,与各方面的关联都交代得清清楚楚,使读者对史实的发展一目了然。宋元之际史学家胡三省说:"为人君而不知《通鉴》,则欲治而不知自治之源,恶乱而不知防乱之术。为人臣而不知《通鉴》,

则上无以事君，下无以治民……"①

毛泽东同志曾 17 次阅读批注《资治通鉴》，高度评价此书："一十七遍，每读都获益匪浅。一部难得的好书……"正是根据毛泽东主席提议，1956 年古籍出版社聘请顾颉刚等 21 位专家组成标点委员会，把《资治通鉴》（包括随文加入的胡三省注）重新点校后排印出版。

《资治通鉴》从中华千年历史中寻找修己齐家治国的经验道理，为国家治理提供借鉴，追求道德与政治的统一，由"内圣"到"外王"是儒家思想的核心理念，只有不断加强个人修养，才能成为"仁人""君子"，达到内圣；在内圣的基础上，才能安邦治国，达到外王的目的（"修己以敬""修己以安人""修己以安百姓"）。在司马光的思想中，优秀的政治家必须是"德胜于才"的君子，这与孔子重视国家治理中道德教化作用也是一脉相承的。（子曰："道之以政，齐之以刑，民免而无耻；道之以德，齐之以礼，有耻且格。"）应当说，这一理念至今仍对国家社会治理有重要借鉴价值。

二、《资治通鉴》提供的两面镜子

作为北宋当朝重臣，司马光编写《资治通鉴》的主要目的是为君王治国理政以及培养皇族接班人提供历史经验作为借鉴，因此他的历史视角、选材和论述重点与司马迁写《史记》有所不同。《史

---

① 引自胡三省《新注资治通鉴序》，参见"品诗文网"（https://www.pinshiwen.com/gsdq/xuba/2019051343266.html）。

记》主要是记载重要史实和重要人物,并注意故事场景的描述和人物性格情绪的渲染,可读性、故事性较强,对青年读者更有吸引力;《资治通鉴》虽然也连续系统地介绍历代重要历史事件和人物,但重点在挖掘事件背后隐含的做人、做事的道理,有这方面的价值则详述,分析事件的原因和影响,无此价值的则一笔带过。所以笔者认为《资治通鉴》为后世提供了两面大镜子:一是识人选人,二是做事任事。书中这样的事例很多,作为司马光的山西同乡,笔者就选取发生在三晋大地的两件事具体分析。

(一)选人不当造成丧子灭族的教训

司马光在《资治通鉴》第一卷(周纪一)就讲了个"智伯之亡"的故事,振聋发聩,引人深思。原文如下:

> 初,智宣子将以瑶为后。智果曰:"不如宵也。瑶之贤于人者五,其不逮者一也。美鬓长大则贤,射御足力则贤,伎艺毕给则贤,巧文辩慧则贤,强毅果敢则贤,如是而甚不仁。夫以其五贤陵人,而以不仁行之,其谁能待之?若果立瑶也,智宗必灭。"弗听,智果别族于太史为辅氏。
>
> 及智宣子卒,智(瑶)襄子为政,与韩康子、魏桓子宴于蓝台。智伯戏康子而侮段规,智国闻之,谏曰:"主不备,难必至矣!"智伯曰:"难将由我。我不为难,谁敢兴之?"
>
> 智伯请地于韩康子,康子欲弗与。段规曰:"智伯好利而愎,不与,将伐我;不如与之。彼狃于得地,必请于他人;他人不与,必向之以兵。然则我得免于患而待事之变矣。"康子曰:"善。"使使者致万家之邑于智伯,智伯悦。又求地于魏桓子,

桓子欲弗与。任章曰："何故弗与？"桓子曰："无故索地，故弗与。"任章曰："无故索地，诸大夫必惧；吾与之地，智伯必骄。彼骄而轻敌，此惧而相亲。以相亲之兵待轻敌之人，智氏之命必不长矣。"……智伯又求蔡、皋狼之地于赵襄子，襄子弗与。智伯怒，帅韩、魏之甲以攻赵氏。襄子……乃走晋阳。

三家以国人围而灌之，城不浸者三版。智伯行水，魏桓子御，韩康子骖乘。智伯曰："吾乃今知水可以亡人国也。"桓子肘康子，康子履桓子之跗，以汾水可以灌安邑，绛水可以灌平阳也。

赵襄子使张孟谈潜出见二子，曰："臣闻唇亡则齿寒。今智伯帅韩、魏而攻赵，赵亡则韩、魏为之次矣。"二子曰："我心知其然也，恐事未遂而谋泄，则祸立至矣"。张孟谈曰："谋出二主之口，入臣之耳，何伤也？"二子乃阴与张孟谈约，为之期日而遣之。襄子夜使人杀守堤之吏，而决水灌智伯军。智伯军救水而乱，韩、魏翼而击之，襄子将卒犯其前，大败智伯之众。遂杀智伯，尽灭智氏之族。唯辅果在。①

智瑶看起来确实是个"超级优秀青年"——才智过人、能文善辩、勇毅超群、多才多艺，长得又高大英俊，在他父亲眼中是接班当政的最佳人选。智宣子识人失于肤浅，为小儿子的优秀表象所惑，忽略了他刚愎不仁的根本德行缺陷，最终断送了小儿子的性命，也葬送了整个智氏家族。

所以司马光在记叙这件史实后，感慨地加了一大段痛快淋漓的评述："智伯之亡也，才胜德也。夫才与德异，而世俗莫之能辨，

---

① 引自《资治通鉴》周纪一、周威烈王二十三年。

通谓之贤,此其所以失人也。夫聪察强毅之谓才,正直中和之谓德。才者,德之资也;德者,才之帅也。云梦之竹,天下之劲也,然而不矫揉,不羽括,则不能以入坚;棠溪之金,天下之利也,然而不熔范,不砥砺,则不能以击强。是故才德全尽谓之圣人,才德兼亡谓之愚人,德胜才谓之君子,才胜德谓之小人。凡取人之术,苟不得圣人、君子而与之,与其得小人,不若得愚人。何则?君子挟才以为善,小人挟才以为恶。挟才以为善者,善无不至矣;挟才以为恶者,恶亦无不至矣。愚者虽欲为不善,智不能周,力不能胜,譬之乳狗搏人,人得而制之。小人智足以遂其奸,勇足以决其暴,是虎而翼者也,其为害岂不多哉!夫德者人之所严,而才者人之所爱。爱者易亲,严者易疏,是以察者多蔽于才而遗于德。自古昔以来,国之乱臣,家之败子,才有余而德不足,以至于颠覆者多矣,岂特智伯哉!故为国为家者,苟能审于才德之分而知所先后,又何失人之足患哉!"

由于司马光与王安石的政见不同,后世有人认为司马光这段话含有讽喻批评王安石之意,笔者对此不做探究评论。但就德与才的内涵和相互关系而言,司马光的这段分析透彻深刻,具有哲理思想性和普遍指导意义。民间百姓也有一个形象的比喻说明德与才对人立身成材的影响:"德才兼备是正品,有德无才是次品,无德无才是废品,有才无德是危险品。"这与司马光对小人"虎而翼者"的分析异曲同工。对人的本质判断就在于其德性,一个人在德才无法兼备时,有德无才和有才无德相比,后者对社会的危害更大。

习近平总书记十分重视"德才兼备,以德为先"的人才选拔原则,把道德品行放在育人、选人、用人的第一位,多次强调"立德树人"是学校的根本使命,叮嘱青年学生要"明大德、守公德、严私德",这个简单明确的概括对年轻人明德修身很有指导意义。笔者在讲授"修德成功学"课程中,与学生们专门就这九个字展开讨论:"明大德"是什么意思?何谓"大德"?许多学生从爱国主义、振兴中华、实现中国梦等方面,谈了自己对大德的认识。明大德可以启发学生做一些根本性思考,对学生是重要的方向引领。

"守公德",当然是指各种社会公德规范的遵行,包括良好社会风俗的维护。现在全国有4000多万在校大学生(包括研究生),如果他们的公德意识大大增强,积极遵守并维护社会公德,对于整个中国社会秩序和社会风气的改善会有重大作用。每个学生可以影响其家属、亲友若干人,那么就会有上亿人注意遵行社会公德。大学生作为文化程度较高的社会群体,通过自己的文明行为影响其他社会群体和个人,主动制止或纠正不文明行为,如随地吐痰、乱扔垃圾、高声喧哗、拥挤插队等,一些被国内外媒体所诟病的国人不良习惯会逐步得到纠正。

"严私德",即一个人要守诚信,重承诺,心地善良,乐于助人,孝敬父母,尊老爱幼,在个人品行方面慎独慎微。这方面应当从家庭教育开始,再经过小学、中学和大学教育等,不断塑造提升,其中家教是非常重要的环节,俗话说:三岁看大,七岁看老。坦率而言,家庭品德教育是目前中国社会教育当中较为薄弱的,要注意补上这方面的短板。

司马光此后记叙的豫让为智瑶报仇一事也引人思考:

> 三家分智氏之田。赵襄子漆智伯之头,以为饮器。智伯之臣豫让欲为之报仇,乃诈为刑人,挟匕首,入襄子宫中涂厕。襄子如厕心动,索之,获豫让。左右欲杀之,襄子曰:"智伯死

无后，而此人欲为报仇，真义士也！吾谨避之耳。"乃舍之。豫让又漆身为癞，吞炭为哑，行乞于市，其妻不识也。行见其友，其友识之，为之泣曰："以子之才，臣事赵孟，必得近幸。子乃为所欲为，顾不易邪？何乃自苦如此！求以报仇，不亦难乎？"豫让曰："不可！既已委质为臣，而又求杀之，是二心也。凡吾所为者，极难耳。然所以为此者，将以愧天下后世之为人臣怀二心者也。"襄子出，豫让伏于桥下。襄子至桥，马惊，索之，得豫让，遂杀之。

《史记·刺客列传》对此事有更详细的记述：

豫让者，晋人也，故尝事范氏及中行氏，而无所知名。去而事智伯，智伯甚尊宠之。及智伯伐赵襄子，赵襄子与韩、魏合谋灭智伯，灭智伯之后而三分其地。赵襄子最怨智伯，漆其头以为饮器。豫让遁逃山中，曰："嗟乎！士为知己者死，女为说己者容。今智伯知我，我必为报仇而死，以报智伯，则吾魂魄不愧矣。"

……

（赵）襄子乃数豫让曰："子不尝事范、中行氏乎？智伯尽灭之，而子不为报仇，而反委质臣於智伯。智伯亦已死矣，而子独何为之报仇之深也？"豫让曰："臣事范、中行氏，范、中行氏皆众人遇我，我故众人报之。至於智伯，国士遇我，我故国士报之。"襄子喟然叹息而泣曰："嗟乎豫子！子之为智伯，名既成矣，而寡人赦子，亦已足矣。子其自为计，寡人不复释子！"使兵围之。豫让曰："臣闻明主不掩人之美，而忠臣有死名之义。前君已宽赦臣，天下莫不称君之贤。今日之事，臣固伏诛，然原请君之衣而击之，焉以致报仇之意，则虽死不恨。非所敢望也，敢布腹心！"於是襄子大义之，乃使使持衣与豫让。豫让拔剑三跃而击之，曰："吾可以下报智伯矣！"遂伏剑自杀。死之日，赵国志士闻之，皆为涕泣。①

　　历史上晋国后期朝政为智、韩、赵、魏、范、中行六大家族把持，而智氏势力最大，并先后灭掉范氏、中行氏。豫让本是范氏、中行氏的属下，主人被灭后为智氏收留，并无为前主人报仇之念，因为范氏、中行氏以一般人对待他，他也以一般人回报之（"范、中行氏皆众人遇我，我故众人报之"）。傲慢自大的智瑶恃才凌人，惹得众人怨恨侧目，他却唯独礼遇豫让（史书没有详述原因），而豫让后来竟不惜毁容弃家，屡次拼死为智瑶报仇，以报其知遇之恩（"国士遇我，我故国士报之"）。这里隐含了"士为知己者死""善有善报""勿以善小而不为"等几个道理。

　　看到豫让报恩的故事，笔者不由得产生一个延伸假设，以智瑶的强毅果敢、聪明多能，如果他再具备诚实厚重、虚怀若谷的德行，像礼遇豫让一样对待其他属下和同盟者，应该不会有杀身灭族之祸，更可能成为战国一雄或者统一中原的一霸。那样，中国史书是不是可能改写？不是战国七雄而是"战国八雄"？后世是否也像崇拜诸葛亮一样钦佩这位大智大勇大仁的"大帅哥"？

　　习近平总书记2013年11月在山东曲阜讲过"人无德不立"，真是一语中的，切中做人的本质。德行是一个人立世为人的根本，就像习武之人讲的"下盘"，只有下盘沉稳才能"站如松、坐如钟"，让自己立于不败之地，没有头重脚轻的倾覆危险；也像F1赛车必

---

① 引自《史记·刺客列传》。

须有一个坚实厚重的底盘,才能保证在高速弯道竞逐中不会飞出跑道。企事业单位选材用人要注意德才兼备,并要以德为先,这也是学校育人的基本理念,更应该成为家庭里父母培育儿女、青年人自省自修的出发点。

(二) 赵武灵王倡行胡服骑射以强国强兵

司马光在《资治通鉴》第三卷(周纪三)讲了赵武灵王推行"胡服骑射"的事:

> 赵武灵王北略中山之地,至房子,遂之代,北至无穷,西至河,登黄华之上。与肥义谋胡服骑射以教百姓,曰:"愚者所笑,贤者察焉。虽驱世以笑我,胡地、中山,吾必有之!"遂胡服。国人皆不欲,公子成称疾不朝。王使人请之曰:"家听于亲,国听于君。今寡人作教易服而公叔不服,吾恐天下议之也。制国有常,利民为本;从政有经,令行为上。明德先论于贱,而从政先信于贵,故愿慕公叔之义以成胡服之功也。"公子成再拜稽首曰:"臣闻中国者,圣贤之所教也,礼乐之所用也,远方之所观赴也,蛮夷之所则效也。今王舍此而袭远方之服,变古之道,逆人之心,臣愿王熟图之也!"使者以报。王自往请之,曰:"吾国东有齐、中山,北有燕、东胡,西有楼烦、秦、韩之边。今无骑射之备,则何以守之哉?先时中山负齐之强兵,侵暴吾地,系累吾民,引水围鄗;微社稷之神灵,则鄗几于不守也,先君丑之。故寡人变服骑射,欲以备四境之难,报中山之怨。而叔顺中国之俗,恶变服之名,以忘鄗事之丑,非寡人之所望也。"公

子成听命,乃赐胡服,明日服而朝。于是始出胡服令,而招骑射焉。①

在封建礼教传统深厚的中国古代,服饰衣着关系到人的身份、地位、体面,千百年因循成俗,绝非轻易能变动的。现代网红青年可以今天一件奇装,明天换个发型,但如果让全国人民换穿阿拉伯袍,可以想象推广阻力有多大?古代移风易俗的改革无疑面临更大的阻力。而赵国位处四战之地,特别面临东胡骑兵的威胁,赵人原有宽袍大袖的服装不利于骑马射箭,未战先处于被动挨打的劣势。赵武灵王决心在全国上下推广当时为人鄙视的胡服,确是强兵强国的重大战略举措,这种改革见识和勇气令人钦佩。但让国人接受穿戴胡服绝非易事,赵武灵王没有采取简单粗暴一刀切的行政命令手段,而是利用上行下效的社会风俗引导力量,亲自上门说服德高望重的叔叔公子成理解和支持自己的做法,当服装改制的"带头大哥"("从政先信于贵,故愿慕公叔之义以成胡服之功")。这位忠心谋国、深孚众望的王叔最后接受了胡服并着装入朝,服装改革顺势而成,赵国骑兵也迅速发展起来,军力国力不断壮大。

我们读后既敬佩公子成一心为公的忠诚,更钦佩赵武灵王举重若轻、四两拨千斤、善于抓住主要矛盾、谋全局成大事的胆略和智慧。《资治通鉴》中有许多事例可以为后人做事成事提供思路借鉴。

三、《资治通鉴》对当代大学生的参考价值

"厚德、博学、经济、匡时"是上海财经大学的校训,"厚德

---

① 引自《资治通鉴》(周纪三、周赧王八年)。

位列校训之首。无独有偶，其他一些高校也把"厚德"或"修德"列为校训首位，体现了教育界对高等教育和人才培养目的和本质要求的认识。培养造就诚信朴实、有良知爱心和责任感的现代知识青年是高校的职责，这样的大学生也是当今社会稀缺的人才。

前些年，笔者在上海财经大学国际贸易系的一次研究生与导师的集体见面会上发问："哪些同学知道并读过《孝经》？"全系在座三个专业（世界经济、国际贸易、国际商务）共87位硕士生只有一人举手，却是一位来自美国的留学生，使我颇感惊讶并心生感慨：中华文化典籍浩瀚深厚，是中华民族的无价瑰宝，如果我们不能学习借鉴，怎能对得起辛勤著述的古代先贤？如果青年学生对中华经典了解越来越少，代际文化传承如何实现？

正如习近平同志2014年10月在中央政治局专题学习会上所说：中国共产党人是历史唯物主义者，不是历史虚无主义者，我们要总结吸收中国五千年文明留下来的丰富文化遗产，取其精华，去其糟粕，为今所用。

为帮助大学生树立正确的人生观和社会价值观，塑造积极健康的为人品德和心理意志，提高学生综合素质，自2005年起，笔者在上海财经大学为博士生、硕士生、本科生开设"修德成功学"公共选修课，对古代立德修身的经典文献进行概括提炼和阐释，引导学生多读经典，多交流，我给本科生推荐《孝经》《弟子规》《大学》《论语》《孟子》作为阅读书目，给博士生、硕士生推荐《论语》《礼记》《群书治要》《史记》《资治通鉴》作为阅读书目，希望他们从中汲取优秀思想养分，作为砥砺德行的文化基础，并以古今中外优秀人物为例，分析个人德行与事业成功的内在关系。

进入21世纪，我国高等教育的规模成倍扩大，在新的发展形势下，我国政府提出在巩固现有规模的基础上，重点放在提高高等教育的质量、提高学生综合素质上。如何促进青年一代身心健康成长？如何培养独生子女为主体的当代中国大学生的担当精神和责任感？笔者衷心希望越来越多的青年学生能够从古代优秀典籍和人物范例中得到潜移默化的道德熏陶和人格塑造，德智体美劳全面发展，成长为中华民族崛起的栋梁之材。

当然，《资治通鉴》卷帙浩繁，300多万字古文，要通读一遍实非易事。好在有现代数字技术和网络工具，大家可以在"古诗文网"等网站查询全书内容，根据各人兴趣选取有关朝代阅读相关内容；一些学者和出版机构还有简易精选读本，如《柏杨版资治通鉴》，更便于青少年阅读。

开卷有益，让我们一起走进博大宽广的中华典籍吧！

参 考 文 献

1. 司马光编撰（胡三省音注）：《资治通鉴》（平装全二十册），中华书局2011年。
2. 司马迁撰：《史记》（平装全十册），中华书局，2014年。
3. 陈晓芬译注：《论语》，中华书局，2016年。
4. 柏杨：《柏杨版资治通鉴》，人民文学出版社2019年。
5. 卢志丹：《毛泽东品国学》，新世界出版社2009年。
6. 古诗文网，https://www.gushiwen.org。
7. 品诗文网，https://www.pinshiwen.com。

附录 1

上海财经大学 2021 年经典阅读书目

1. 《易经》，王弼注，楼宇烈校释，北京：中华书局，2012.
2. 《道德经》，老子著，韩宏伟、何宏注译，合肥：安徽人民出版社，2005.
3. 《论语》，孔子弟子及其再传弟子编撰，朱熹集注，金良年导读，胡真集评，上海：上海古籍出版社，2007.
4. 《理想国》，[古希腊]柏拉图著，郭斌和、张竹明译，北京：商务印书馆，2009.
5. 《沉思录》，[古罗马]玛克斯·奥勒留著，梁实秋译，南京：译林出版社，2009.
6. 《传习录》，王守仁撰，王晓昕译注，北京：中华书局，2018.
7. 《道德情操论》，[英]亚当·斯密著，宋德利译，南京：译林出版社，2011.
8. 《往事与随想》，[俄]赫尔岑著，巴金、臧仲伦译，南京：译林出版社，2009.
9. 《查拉斯图拉如是说》，[德]尼采著，楚图南译，合肥：安徽人民出版社，2013.
10. 《自卑与超越》，[奥]阿德勒著，李心明译，北京：光明日报出版社，2006.
11. 《新教伦理与资本主义精神》，[德]马克斯·韦伯著，于晓等译，北京：三联书店，1987.
12. 《西方哲学史》，[英]罗素著，何兆武、李约瑟译，北京：商务印书馆，2009.

13.《中国哲学简史》，冯友兰著，赵复三译，北京：三联书店，2013.

14.《哥德尔、艾舍尔、巴赫：集异璧之大成》，［美］侯世达著，郭维德等译，北京：商务印书馆，1996.

15.《简单的逻辑学》，［美］D.Q.麦克伦尼著，赵明燕译，杭州：浙江人民出版社，2013.

16.《诗经选》，余冠英选注，北京：人民文学出版社，1979.

17.《红楼梦》，曹雪芹、高鹗著，俞平伯校，启功注，北京：人民文学出版社，2000.

18.《瓦尔登湖》，［美］亨利·戴维·梭罗著，徐迟译，上海：上海译文出版社，2006.

19.《战争与和平》，［俄］列夫·托尔斯泰著，刘辽逸译，北京：人民文学出版社，1989.

20.《约翰·克里斯朵夫》，［法］罗曼·罗兰著，傅雷译，上海：上海三联书店，2018.

21.《飞鸟集》，［印］泰戈尔著，郑振铎译，上海：上海译文出版社，1981.

22. *《鼠疫》，［法］阿尔贝·加缪著，刘方译，上海：上海译文出版社，2013.

23.《毛泽东诗词》，中共中央文献研究室编，北京：中央文献出版社，2003.

24.《百年孤独》，［哥］加西亚·马尔克斯著，黄锦炎译，杭州：浙江文艺出版社，1991.

25. *《平凡的世界》，路遥著，北京：人民文学出版社，2004.

26.《伯罗奔尼撒战争史》，［古希腊］修昔底德著，谢德风译，北京：商务印书馆，2009.

27.《史记》，司马迁著，北京：中华书局，2013.

28.《资治通鉴》，司马光著，北京：中华书局，2009.

29.《旧制度与大革命》，［法］亚历西斯·德·托克维尔著，冯棠译，北京：商务印书馆，2012.

30. *《震撼世界的十天》，［美］约翰·里德著，郭圣铭等译，北京：东方出版社，2005.

31.《国史大纲》，钱穆著，北京：商务印书馆，1996.

32.《中国文化要义》，梁漱溟著，上海：上海人民出版社，2018.

33.《全球通史：从史前史到21世纪》，［美］斯塔夫里阿诺斯著，吴象婴等译，北京：北京大学出版社，2012.

34.《八月炮火》，［美］巴巴拉·W.塔奇曼著，张岱云等译，北京：新星出版社，2005.

35.《枪炮、病菌与钢铁：人类社会的命运》，［美］贾雷德·戴蒙德著，谢延光译，上海：上海译文出版社，2014.

36. *《生活的艺术》，林语堂著，长沙：湖南文艺出版社，2012.

37.《审美教育书简》，［德］弗里德里希·席勒著，张玉能译，南京：译林出版社，2012.

38.《西方美学史》，朱光潜著，北京：商务印书馆，2011.

39.《古文观止》，吴楚材、吴调侯编，王文濡校勘，北京：中华书局，2018.

40.《我们赖以生存的隐喻》，［美］乔治·莱考夫、［美］马克·约翰逊著，何文忠译，杭州：浙江大学出版社，2015.

41.《美的历程》，李泽厚著，北京：三联书店，2009.

42.《艺术的故事》，［英］贡布里希著，范景中译，北京：三联书店，1999.

43.《利维坦》，[英]霍布斯著，黎思复、黎廷弼译，北京：商务印书馆，2009.

44.《政府论》，[英]约翰·洛克著，杨思派译，北京：中国社会科学出版社，2009.

45.《社会契约论》，[法]让-雅克·卢梭著，何兆武译，北京：商务印书馆，2003.

46.《共产党宣言》，[德]马克思、[德]恩格斯著，中共中央马克思恩格斯列宁斯大林著作编译局译，北京：中央编译出版社，2018.

47. *《大转型：我们时代的政治与经济起源》，[英]卡尔·波兰尼著，刘阳、冯钢译，杭州：浙江人民出版社，2007.

48.《正义论》，[美]约翰·罗尔斯著，何怀宏等译，北京：中国社会科学出版社，2009.

49.《科学的反革命：理性滥用之研究》，[英]弗里德里希·A.哈耶克著，冯克利译，南京：译林出版社，2012.

50.《科学与假设》，[法]昂利·彭加勒著，李醒民译，北京：商务印书馆，2006.

51.《科学史：及其与哲学和宗教的关系》，[英]W. C.丹皮尔著，李珩译，北京：商务印书馆，2009.

52.《科学革命的结构》，[美]托马斯·库恩著，金吾伦、胡新和译，北京：北京大学出版社，2012.

53.《国富论》，[英]亚当·斯密著，郭大力、王亚南译，北京：商务印书馆，2015.

54.《资本论》，[德]马克思著，中共中央马克思恩格斯列宁斯大林著作编译局译，北京：人民出版社，2018.

55.《就业、利息和货币通论》，［英］约翰·梅纳德·凯恩斯著，徐毓枬译，北京：商务印书馆，1983.

56.《博弈论与经济行为》，［美］冯·诺伊曼、摩根斯顿著，王文玉、王宇译，北京：三联书店，2004.

57.《经济分析史》，［美］约瑟夫·A.熊彼特著，朱泱等译，北京：商务印书馆，2001.

58.《市场如何运行：非均衡、创业和发现》，［英］伊斯雷尔·M.柯兹纳著，沈国华译，上海：上海财经大学出版社，2019.

59.《集体行动的逻辑》，［美］曼瑟尔·奥尔森著，陈郁等译，上海：三联书店，1995.

60.《创新与企业家精神》，［美］彼得·德鲁克著，蔡文燕译，北京：机械工业出版社，2019.

61.《管理思想精粹——世界顶级管理大师告诉你》，［美］凯罗·肯尼迪著，吴小丽译，上海：上海财经大学出版社，2005.

62. *《助推：如何做出有关健康，财富与幸福的最佳决策》，［美］理查德·塞勒、［美］卡斯·桑斯坦著，刘宁译，北京：中信出版社，2018.

63. *《启蒙经济：英国经济史新论》，［美］乔尔·莫克尔著，曾鑫、熊跃根译，北京：中信出版社，2020.

64. *《思考，快与慢》，［美］丹尼尔·卡尼曼著，胡晓姣、李爱民、何梦莹译，北京：中信出版社，2012.

65.《创客：新工业革命》，［美］克里斯·安德森著，萧潇译，北京：中信出版社，2015.

66.《大数据时代：生活、工作与思维的大变革》，［英］维克托·迈尔-舍恩伯格、[英]肯尼思·库克耶著，盛杨燕、周涛译，杭州：浙江人民出版社，2013.

67. *《千年金融史》，[美]威廉·N.戈兹曼著，张亚光、熊金武译，北京：中信出版社，2017.

68. 《社会与经济：信任、权力与制度》，[美]马克·格兰诺维特著，王水雄、罗家德译，北京：中信出版社，2019.

69. 《文化与组织：心理软件的力量》，[荷]吉尔特·霍夫斯泰德、[荷]格特·霍夫斯泰德著，李原、孙健敏译，北京：中国人民大学出版社，2010.

70. 《统计学的世界》，[美]戴维·穆尔、[美]威廉·诺茨著，郑磊译，北京：中信出版社，2017.

71. 《论法的精神》，[法]孟德斯鸠著，张雁深译，北京：商务印书馆，1959.

72. 《洞穴奇案》，[美]彼得·萨伯著，陈福勇、张世泰译，北京：三联书店，2015.

73. 《学术与政治》，[德]马克斯·韦伯著，冯克利译，北京：三联书店，2005.

74. 《乡土中国》，费孝通著，北京：人民出版社，2008.

75. *《风险社会》，[德]乌尔里希·贝克著，何博闻译，南京：译林出版社，2004.

76. 《信息简史》，[美]詹姆斯·格雷克著，高博译，北京：人民邮电出版社，2013.

77. 《理解媒介：论人的延伸》，[加]马歇尔·麦克卢汉著，何道宽译，南京：译林出版社，2011.

78. 《战争论》，[德]克劳塞维茨著，中国人民解放军军事科学院译，北京：解放军出版社，2004.

79. 《孙子兵法》，孙武著，郭化若注译，北京：中华书局，1962.

80. 《心理学与生活》，[美]理查德·格里格、[美]菲利普·津巴多著，王垒等译，北京：人民邮电出版社，2016.

81. 《社会动物》，[美]戴维·布鲁克斯著，佘引译，北京：中信出版社，2012.

82. 《惊人的假说》，[英]弗朗西斯·克里克著，汪云九等译，长沙：湖南科学技术出版社，2012.

83. 《自然哲学的数学原理》，[英]艾萨克·牛顿著，赵振江译，北京：商务印书馆，2017.

84. 《什么是数学：对思想和方法的基本研究》，[美]R.柯朗、H.罗宾著，[美]I.斯图尔特修订，左平、张饴慈译，上海：复旦大学出版社，2012.

85. 《天才引导的历程：数学中的伟大定理》，[美]威廉·邓纳姆著，李繁荣、李莉萍译，北京：机械工业出版社，2013.

86. 《新物理学的诞生》，[美]I.伯纳德·科恩著，张卜天译，长沙：湖南科学技术出版社，2010.

87. 《狭义与广义相对论浅说》，[美]阿尔伯特·爱因斯坦著，张卜天译，北京：商务印书馆，2017.

88. 《量子之谜》，[美]布鲁斯·罗森布鲁姆、[美]弗雷德·库特纳著，向真译，长沙：湖南科学技术出版社，2013.

89. 《漫游诺贝尔奖创造的世界：化学之旅》，[韩]李钟镐著，李婷婷译，南宁：接力出版社，2007.

90. 《宇宙最初三分钟》，[美]史蒂文·温伯格著，张承泉等译，北京：中国对外翻译出版公司，2000.

91. *《瘟疫与人》，[美]威廉·H.麦克尼尔著，余新忠、毕会成译，北京：中信出版社，2018.
92. 《中国自然地理纲要》，任美锷主编，北京：商务印书馆，1992.
93. 《DNA：生命的秘密》，[美]詹姆斯·沃森、[美]安德鲁·贝瑞著，陈雅云译，上海：上海人民出版社，2011.
94. *《哥伦布大交换：1492年以后的生物影响和文化冲击》，[美]艾尔弗雷德·W.克罗斯比著，郑明萱译，北京：中信出版社，2018.
95. 《终极算法：机器学习和人工智能如何重塑世界》，[美]佩德罗·多明戈斯著，黄芳萍译，北京：中信出版社，2017.
96. 《科学与方法》，[法]昂利·彭加勒著，李醒民译，北京：商务印书馆，2006.
97. 《科学研究的艺术》，[英]W.I.B.贝弗里奇著，陈捷译，太原：北岳文艺出版社，2015.
98. 《社会研究方法》，[美]艾尔·巴比著，邱泽奇译，北京：华夏出版社，2018.
99. *《风格感觉：21世纪写作指南》，[美]史蒂芬·平克著，王烁、王佩译，北京：机械工业出版社，2018.
100. 《如何阅读一本书》，[美]莫提默·J.艾德勒、[美]查尔斯·范多伦著，郝明义、朱衣译，北京：商务印书馆，2004.

[注] 加*的为新增书目。

附录2

《品味经典》第一辑目录

001　序言（徐　飞）

001　《乡土中国》导读（刘长喜）
023　《枪炮、病菌与钢铁》导读（燕红忠）
049　《资本论》导读（马　艳、王　琳）
069　《共产党宣言》导读（范宝舟）
099　《统计学的世界》导读（杨　楠）
113　《道德经》导读（陈成吒）
131　《单向度的人》导读（卜祥记）
195　《传习录》导读（郭美华）
233　《史记》导读（张　谦）
245　《国史大纲》导读（徐国利）
273　《伯罗奔尼撒战争史》导读（汪丽红）
299　《八月炮火》导读（章益国）

323　附录1　上海财经大学2020年经典阅读书目
333　附录2　学者小传

图书在版编目(CIP)数据

品味经典.第二辑/徐飞主编.—上海：复旦大学出版社,2021.7
(趣讲堂)
ISBN 978-7-309-15743-7

Ⅰ.①品… Ⅱ.①徐… Ⅲ.①推荐书目-世界 Ⅳ.①Z835

中国版本图书馆 CIP 数据核字(2021)第 111816 号

品味经典(第二辑)
PINWEI JINGDIAN (DIERJI)
徐　飞　主编
责任编辑/张美芳

复旦大学出版社有限公司出版发行
上海市国权路 579 号　邮编：200433
网址：fupnet@fudanpress.com　http://www.fudanpress.com
门市零售：86-21-65102580　团体订购：86-21-65104505
出版部电话：86-21-65642845
上海四维数字图文有限公司

开本 890×1240　1/32　印张 8.375　字数 194 千
2021 年 7 月第 1 版第 1 次印刷

ISBN 978-7-309-15743-7/Z・104
定价：69.00 元

如有印装质量问题，请向复旦大学出版社有限公司出版部调换。
版权所有　侵权必究